Jacky Girard

Jacques

Laure Duranton

Christelle Garnaud

campus

cahier
d'exercices
2

CLE
INTERNATIONAL
www.cle-inter.com

1 présenter son curriculum vitæ

vocabulaire

1 ■ À partir de cinq témoignages, recomposez le CV d'Amélie Truffaut.

A) Je l'ai connue en 1996 ; elle était en France depuis deux ans. Elle terminait une maîtrise de communication.

B) Nous nous sommes rencontrés la première fois au Portugal où elle est née. C'était en 1992, à Porto, sa ville natale. Je venais d'avoir 18 ans et de réussir mon bac, elle aussi.

C) Quand elle est arrivée dans le service en octobre 2001, elle avait une brillante réputation. Tout est allé très vite pour elle : après le Japon, un an au service marketing produit chez L'Oréal, puis un an dans une filiale en Argentine, au marketing clientèle.

D) Elle a été élève au lycée français de Lisbonne de la maternelle au baccalauréat. Elle était très bonne élève en langues : elle parlait déjà très bien l'anglais, l'espagnol et l'allemand. Après le bac, elle a commencé à apprendre le japonais.

E) Nous avons fait notre stage long de communication chez Shiseido. Neuf mois à Tokyo, de janvier 1998 à octobre 1998. Extraordinaire ! Quand elle parlait le japonais, elle étonnait les Japonais du service marketing. Ce DESS, quel souvenir !

....

grammaire

2 ■ À partir des témoignages de l'excercice précédent, écrivez le récit chronologique de la vie d'Amélie Truffaut.

....
....
....

3 ■ Complétez ce récit de voyage. Utilisez l'imparfait ou le passé composé.

Je (rêver) .... toujours de Rome. Quand je (être) .... enfant, Rome (ressembler) .... à ce que l'on (voir) .... dans les films : des empereurs qui (sortir) .... des temples ou qui (passer) .... sous des arcs de triomphe, ou bien des jeunes gens et des jeunes filles joyeux qui (manger) .... des glaces et qui (rouler) .... en Vespa.

Nous (arriver) .... par le train un matin. La lumière (être) .... superbe.

Nous (commencer) .... tout de suite notre découverte de la Ville éternelle. Nous (partir) .... de la Piazza Navona et nous (se promener) .... de place en place ;

Nous (s'arrêter) .... souvent aux terrasses des cafés. Dans les petites rues, nous (se perdre) .... parfois. Mais c'(être) .... un plaisir encore plus grand : il y (avoir) .... toujours quelque chose à découvrir.

Jacky Girardet

Jacques Pécheur

Laure Duranton

Christelle Garnaud

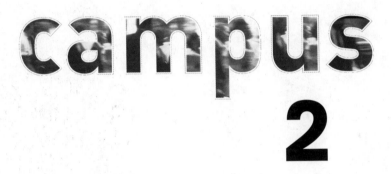

campus

2

Cahier d'exercices

Corrigés

CLE

INTERNATIONAL

www.cle-inter.com

CORRIGÉS

Leçon 1

1. 1974 : naissance à Porto au Portugal – 1980-1992 : lycée français de Lisbonne – 1992 : baccalauréat – 1995-1996 : maîtrise de communication - janvier à octobre 1998 : stage au Japon chez Shiseido – 1998 : DESS de communication – 1999 : service marketing produit chez L'Oréal – 2000 : service marketing clientèle chez L'Oréal Argentine – octobre 2001 : arrive dans une nouvelle entreprise.
Langues parlées : allemand, anglais, espagnol, japonais.

2. b – d – a – e – c.

3. J'ai toujours rêvé – étais – ressemblait – voyait – sortaient – passaient – mangeaient – roulaient – sommes arrivés – était – avons commencé – sommes partis – nous nous sommes promenés – nous nous arrêtions – nous nous perdions – c'était – avait.

4. avons eu – est arrivée – avait – ai perdue – dit – présente – est – ont mis – s'est tournée – a dit – n'a pas compris – a demandé – a souri – ne disait – a indiqué – s'appelait – a dit.

Leçon 2

6. a. le calcul – **b.** le football – **c.** piano – **d.** la médecine – **e.** langues.

7. a. avoir de la discrétion – **b.** avoir de la méthode – **c.** avoir de la réflexion – **d.** avoir un don – **e.** avoir confiance en soi – **f.** avoir de l'efficacité – **g.** avoir de l'inquiétude.

8. a. Qu'est-ce que vous voudriez devenir plus tard ? – **b.** Quand avez-vous commencé à faire du piano ? – **c.** Qu'est-ce qui est le plus difficile pour vous ? – **d.** Quelle est la condition pour réussir ?

9. a. Vous dites que vous êtes d'accord mais que ça ne sera pas parfait. – **b.** Vous dites que vous êtes d'accord. – **c.** Vous dites que vous ne voulez pas.

11. Conseils psychologiques : méfiez-vous de votre imagination – ne vous méprenez pas sur le sens des paroles – laissez de côté votre orgueil – soyez patient – il serait bon de canaliser votre énergie.

Conseils pratiques : soyez réaliste – pensez à votre week-end – vivez simplement – ne croyez pas sans cesse que tout se passera facilement – regardez l'avenir avec confiance.

Leçon 3

12. a. formidable – **b.** fini – **c.** non – **d.** certainement pas – **e.** Je vous téléphone – **f.** Ça ne me concerne plus.

13. a. téléphoner – **b.** ouvrir – **c.** conseiller – **d.** fêter – **e.** étudier – **f.** présenter.

14. nous – nous – l' – y – m' – le – le – y – t' – me.

15. a. lui – le – **b.** lui – **c.** lui – m' – le – m' – me.

Leçon 4

17. a. je déteste – j'ai horreur – j'aime assez – je trouve l'idée originale – j'adore – **b.** j'aime assez – je déteste – **c.** je déteste – j'aime assez – j'adore – **d.** je suis d'accord – je trouve l'idée originale.

18. a. laid – **b.** rapide – **c.** ennuyeux – **d.** inintéressant – **e.** banal – **f.** facile – **g.** optimiste – **h.** profond.

19. a. la lenteur – **b.** la laideur – **c.** l'originalité – **d.** la légèreté – **e.** l'ennui – **f.** le pessimisme – **g.** l'optimisme.

20. a. touchant – **b.** exigeant – **c.** superficiel – **d.** étonnant – **e.** banal – **f.** subtil – **g.** intense.

21. Qu'est-ce que vous en pensez ? : **a.** – **d.**
Comment le trouvez-vous ? : **b.**
Comment l'avez-vous trouvée ? : **c.** – **e.**

22. a. Vous pouvez préciser ? – **b.** Vous êtes sûr ? – **c.** Que voulez-vous dire ? – **d.** Vous pouvez répéter ? – **e.** Vous croyez ?

Leçon 5

24. a. yeux noisette – hyper féminine – brune – très sexy – élégante – sportive très sensuelle – blond yeux verts – belle tête – brun – athlétique – large d'épaules – élégant – racé – beaucoup de charme et de présence.
b. optimiste mais réaliste – douce – rieuse – un peu timide – sincère – fidèle – ouverte aux autres, au dialogue – grand cœur – libéral – spontané – un "brin romantique" – large d'idées – très rigoureux.
c. informaticienne – secrétaire de direction – ingénieure – dentiste – directeur commercial – banquier.

d. arts, voyages, musique – tennis – yatching – équitation.

e. cinéphile – aime connaître et voyager – sportive – fou de sport – sportif.

25. a. dépendant – **b.** désagréable – **c.** généreux – **d.** paresseux – **e.** triste – **f.** réaliste – **g.** changeant – **h.** impatient – **i.** pessimiste – **j.** entreprenant.

26. a. qui – **b.** où – **c.** où – **d.** qui – que – **e.** où – que.

27. a. J'ai rencontré Romina grâce à Magda qui connaît très bien Marco – **b.** Magda faisait avec Marco des études de cinéma qu'elle a abandonnées – **c.** Un soir, une fête avec Marco a amené Romina à l'appartement où il y avait beaucoup de monde.

Leçon 6

29. a. le champion du monde – le joueur du Réal de Madrid – **b.** l'interprète de Cyrano et d'Obélix – l'acteur français le plus célèbre. – **c.** le pain préféré (favori) des Français – **d.** le symbole de Paris – la dame de fer – **e.** le célèbre parfum de Coco Chanel – le parfum le plus célèbre du monde.

30. a. plus – plus – **b.** plus – moins – **c.** plus – plus – **d.** les plus – **e.** plus – plus – **f.** le plus.

31. a. Ils vont plus au cinéma qu'au théâtre. – **b.** ils font moins de bricolage que de promenades. – **c.** Ils regardent plus de films que de documentaires. – **d.** Ils lisent moins de journaux que de magazines.

32. a. C'est le projet de l'agence Cactus qui est le meilleur. – **b.** C'est l'hôtel Palace qui est le meilleur. – **c.** C'est le lycée Jacques-Prévert qui est le meilleur. – **d.** C'est *Le Fabuleux Destin d'Amélie Poulain* qui est le meilleur film de cette année.

UNITE 2

Leçon 1

1. condition : c. – **supposition :** b. – d. – e. – f.

2. a. referais – **b.** appellerais – **c.** pourras – **d.** viendrais – **e.** devras

3. a. remarquerait – **b.** aurait – **c.** changerais – **d.** manquerions – pourrais – **e.** me débrouillerai.

4. a. gagnerions – **b.** ferais – **c.** aurait – **d.** réussirait – **e.** préférerait.

Leçon 2

6. b. affection – **c.** sympathie – **d.** amitié – **e.** haine.

7. a. joie, gaieté – **b.** larmes, tristesse – **c.** affection, sympathie – **d.** désir, attirance – **e.** antipathie, hostilité.

8. a. je lui téléphonerais tous les jours. Tu devrais lui téléphoner tous les jours. – **b.** j'irais le voir plus souvent. Tu devrais aller le voir plus souvent. – **c.** je lui écrirais de temps en temps. Tu devrais lui écrire de temps en temps. – **d.** je l'inviterais à dîner. Tu devrais l'inviter à dîner. – **e.** je lui proposerais d'aller au spectacle. Tu devrais lui proposer d'aller au spectacle.

9. a. Ne lui téléphone pas tous les jours ; fais-lui des propositions surprenantes./Tu ne devrais pas lui téléphoner tous les jours ; tu devrais lui faire des propositions surprenantes. – **b.** Sors plus souvent ; inscris-toi à un club de sport ; travaille pour une association humanitaire./Tu devrais sortir plus souvent, t'inscrire à un club de sport, travailler pour une association humanitaire. – **c.** écrivez-vous ; partez en week-end ensemble ; comparez vos goûts./Vous devriez vous écrire, partir en week-end ensemble, comparer vos goûts. – **d.** Répondez avec humour ; changez de sujet de conversation./Vous devriez répondre avec humour, changer de sujet de conversation.

Leçon 3

11. a. passionnante – **b.** loin, éloigné – **c.** sans intérêt – **d.** mal – **e.** laids.

12. a. joyeux – **b.** banal – **c.** généreux – **d.** indifférent – **e.** travailleur – **f.** optimiste – **g.** idéaliste – **h.** changeant.

13. b. 6 – **c.** 5 – **d.** 1 – **e.** 4 – **f.** 2.

14. a. Amélie est une jeune fille qui travaille dans un café. – **b.** Lance Armstrong est un coureur cycliste américain qui a gagné plusieurs fois le Tour de France. – **c.** Daniel Pennac est un romancier qui écrit des romans très populaires. – **d.** Jean-Paul Gaultier est un styliste qui habille des stars comme Madonna. – **e.** Cheb Mami chante le raï qui est devenu une musique très populaire.

Leçon 4

16. a. préparation de vacances – **b.** négociation d'achat – **c.** travail dans une entreprise – **d.** élection politique – **e.** travail intellectuel.

17. a. familière – **b.** commercial – **c.** professionnel – **d.** administrative – **e.** civile.

18. a. 3 – **b.** 2 – **c.** 1 – **d.** 5 – **e.** 4.

19. a. souhaiterions obtenir – **b.** suis intéressé – **c.** Pourriez-vous me dire – **d.** serais reconnaissant.

Leçon 5

21. au : a ; j – **à :** c ; d ; i ; m – **en :** b ; l ; n – **dans le :** f – **dans la :** e ; k.

22. a. en ; pendant le – **b.** dans la – **c.** en ; en – **d.** au ; en – **e.** en ; pendant la.

23. a. fait divers – **b.** reportage sportif – **c.** biographie – **d.** récit de souvenirs – **e.** témoignage.

24. a. l'abandon – **b.** la protestation – **c.** la condamnation – **d.** la victoire – **e.** la décoration – **f.** la nomination – **g.** la libération.

25. a. parce qu'il mentait – **b.** pour ramener le calme – **c.** parce qu'ils ont gagné – **d.** parce qu'ils ont obtenu des garanties/pour obtenir des garanties.

Leçon 6

27. compliment : e ; g ; h ; j – **critique :** a ; b ; c ; d ; f ; i.

28. a. mou – **b.** sédentaire – **c.** sophistiqué – **d.** replié – **e.** compliqué – **f.** sans imagination.

29. a. imaginatif – **b.** dynamique – **c.** attentif – **d.** enthousiaste.

30. a. il se donne l'allure – **b.** il se croit – **c.** il se prend – **d.** il ressemble – **e.** il a un look

31. a. voudrais – **b.** me trouve ; aimerais ; plus – **c.** ressemble – **d.** dirait ; a l'air – **e.** aimerais ; aimerais ; pourrais.

UNITE 3

Leçon 1

1. a. rentable – **b.** obtenir – **c.** bizarre – **d.** une apparition – **e.** cher

2. que tu organises ; que tu convainques ; que tu obtiennes ; que tu notes ; que tu inscrives ; que tu travailles.

3. a. viennes – **b.** réussissiez – **c.** prenions – **d.** fassiez attention – **e.** se voie.

4. a. qu'ils marquent ; qu'ils marqueront – **b.** ne le permette pas ; ne le permettra pas – **c.** reçoivent ; recevront – **d.** choisisse, obtienne ; choisira, obtiendra.

6. a. voie – **b.** reçoive – **c.** fasse – **d.** arrive – **e.** sache.

Leçon 2

7. le manque : l'absence, le vide, la suppression, rarement, rien, pas, la disparition, peu.
l'abondance : la fortune, le plein, la possession, beaucoup de, trop, tout, la quantité.

8. en : a, c, d. – **y :** b, e.

9. en : le bar, la Belle Étoile – **y :** un lieu – **en :** les DJ – **les :** ils (les enfants) ; **l' :** la musique techno – **les :** Air, Daft Punk et les autres – **y :** la musique techno – **en :** la musique.

10. a. j'en ai choisi un – **b.** nous n'en manquons pas – **c.** elle n'en a pas conservé – **d.** j'y suis passé – **e.** je n'en ai pas suggéré.

Leçon 3

12. a. indépendant – **b.** autre – **c.** méthodique – **d.** réunir – **e.** faire disparaître.

13. a. rassemblé – **b.** ressemblance – **c.** dépendant – **d.** international – **e.** uni.

14. a. fasse – **b.** se réunissent – **c.** viennes – **d.** obtienne – **e.** se souvienne ; célèbrent.

15. a. Je voudrais que tu réunisses nos meilleurs amis. – **b.** Je voudrais que tu fasses plus de sport. – **c.** Je voudrais que tu ailles plus souvent au cinéma. – **d.** Je voudrais que tu maintiennes le rendez-vous de samedi. – **e.** Je voudrais que tu t'intéresses plus à moi. – **f.** Je voudrais que tu prennes un peu de temps pour t'occuper d'elle.

16. a. conservions – **b.** détruirons – **c.** célébrions – **d.** saurons – **e.** prenions.

Leçon 4

18. a. l'opposition – **b.** la menace – **c.** la création – **d.** la pratique – **e.** l'exploitation – **f.** l'interdiction – **g.** le développement – **h.** le risque – **i.** la limite.

19. a. fortement – **b.** dangereusement – **c.** cruyamment – **d.** largement – **e.** énergiquement – **f.** définitivement – **g.** exactement – **h.** rapidement – **i.** obligatoirement.

20. a. un tremblement de terre – **b.** un ouragan – **c.** une avalanche – **d.** la pollution – **e.** la pluie.

21. a. Parce qu'ils espèrent limiter les risques d'accident. – **b.** Parce qu'il veut protéger la forêt équatoriale. – **c.** Parce qu'ils ont peur de ne plus pouvoir pratiquer la chasse et la pêche. – **d.** Parce qu'il risque d'être un obstacle au développement du pays.

22. a. accroisse – **b.** augmente – **c.** réglementera – **d.** interdise – **e.** supprimera.

5

Leçon 5

24. a. le chat – **b.** élever – **c.** le lapin – **d.** l'élevage.

25. a. Il ne fait pas beau – **b.** Elle a mauvais caractère – **c.** Il dit des choses méchantes – **d.** Il n'oublie rien – **e.** Il est gentil.

26. a. un renard – **b.** une tortue – **c.** un cochon – **d.** un singe – **e.** un poisson dans l'eau.

27. b. remarque – **c.** précise – **d.** ajoute-t-il – **e.** résumer.

Leçon 6

29. b. abattre – **c.** une victime – **d.** amplifier – **e.** la désolation – **f.** un foyer – **g.** les dégâts – **h.** bloquer.

30. a. la catastrophe – **b.** la violence – **c.** la force – **d.** la gravité – **e.** la désolation – **f.** la destruction.

31. désolation – abattu – détruit – morts – tempête – amplifié – ne pas résister.

32. détruit – ont profité – est – devront – ont été sauvées – sont détruites – compte – ont été évacuées.

33. a. devraient – **b.** s'élèverait – **c.** pourraient – **d.** bloqueraient – **e.** ouvriraient.

UNITE 4

Leçon 1

1. a. l'assassinat – **b.** le bouleversement – **c.** la déclaration – **d.** la destruction – **e.** la conservation – **f.** le témoignage – **g.** la signature – **h.** la prévision – **i.** la marche – **j.** la victoire – **k.** l'intérêt – **l.** l'inauguration.

2. a. Passage à l'euro pour 300 millions d'Européens – **b.** Décès de 50 personnes dans des accidents – **c.** Interdiction de la chasse à cause du froid – **d.** Mise en cause de notre modèle de développement – **e.** Destruction de milliers d'hectares par le feu.

3. b. 1 – **c.** 4 – **d.** 3 – **e.** 2.

4. a. L'entreprise est dirigée par le directeur. – **b.** La concurrence est analysée par le directeur commercial. – **c.** Les plans sont élaborés par les ingénieurs. – **d.** Les différentes solutions techniques sont étudiées par les techniciens. – **e.** La stratégie et le matériel de promotion sont élaborés par le directeur de la communication. – **f.** Les nouveaux produits sont présentés par les commerciaux aux distributeurs. – **g.** Les nouveaux produits sont testés par les distributeurs auprès des responsables de magasins. – **h.** L'entreprise est informée par les distributeurs des réactions des responsables de magasins. – **i.** Le succès ou l'échec des nouveaux produits est assuré par les clients.

5. a. envoyées ; mises à la poste – **b.** vérifiées ; revues – **c.** refaite ; mise au point – **d.** donné ; adressées – **e.** perdue ; reçues ; réalisée.

Leçon 2

7. a. la poste (pour le courrier) ; le poste (pour le travail) – **b.** la capitale (Paris) ; le capital (l'ensemble des valeurs réunies) – **c.** la tente (camping) ; la tante (lien familial) – **d.** le père (géniteur du fils) et la paire (les deux ensemble) – **e.** le bal (pour danser) ; la balle (pour jouer) – **f.** le dessin (la reproduction d'une figure) ; le dessein (le projet).

8. a. soit ; c'est – **b.** soit ; soit – **c.** prendra ; reçoivent ; puisse faire.

9. a. Il est probable qu'il signera demain. – **b.** Il est possible qu'ils choisissent leurs partenaires rapidement. – **c.** Ce serait mieux pour tout le monde qu'il fasse équipe avec toi. – **d.** Il est indispensable qu'il obtienne une réponse. – **e.** Il est absolument nécessaire qu'il suive davantage ce dossier.

10. a. Il est possible que l'on commence plutôt. – **b.** Il est dommage qu'il ne fasse pas partie de l'équipe. – **c.** Il est probable qu'ils embaucheront après les fêtes. – **d.** Il est peu probable qu'il facture l'ensemble. – **e.** Il n'est pas impossible qu'il se passe de ses services.

Leçon 3

12. Objet : ancien ; rare ; étrange ; bon marché ; exotique ; fragile. – **Animal :** sauvage ; fidèle ; attachant ; étrange. – **Personnage :** mystérieux ; curieux ; étrange ; poétique ; attachant ; émouvant. – **Personne :** jaloux ; riche ; diplômé ; méthodique ; efficace ; discret ; réfléchi ; attachant ; fragile. – **Lieu :** ancien ; exotique ; sauvage ; attachant ; discret ; étrange ; mystérieux.

13. a. Frank est plus sûr de sa situation professionnelle que Tanguy. – **b.** Tanguy est moins indépendant que Frank. – **c.** Tanguy est plus sportif que Frank. – **d.** L'avenir de Tanguy est plus incertain que celui de Frank.

14. a. se préciserait – **b.** obtiendrait – **c.** tomberaient – **d.** avancerait – **e.** se dégraderait – **f.** gagnerait.

15. a. contradiction – **b.** hypothèse – **c.** objection – **d.** interrogation – **e.** soupçon.

Leçon 4

17. Personnages : a. Alain Ducasse – **b.** les clients – **c.** Rémi ; André – **d.** les industriels ; les

Indiens ; le gouvernement. – **Lieu : a.** restaurant Poincaré à Paris et le Louis XV à Monte-Carlo – **b.** bar à Oxygène – **c.** Langogne – **d.** forêt guyanaise. – **Moment : a.** 1998 – **b.** avril 2000 – **c.** 1999 – **d.** aujourd'hui. – **Action : a.** consacré deux fois 3 étoiles dans un guide gastronomique – **b.** offrir une dose de 20' d'oxygène – **c.** la suppression de la ligne des Cévennes – **d.** création d'un parc naturel.

18. b. indiqué ; renvoyé ; resté – **c.** soupçonné – **d.** retrouvées ; empruntées.

19. a. Quand l'agression a-t-elle eu lieu ? – **b.** Où s'est-elle passée ? – **c.** Qu'est-ce qui a provoqué l'agression ? – **d.** Pour quelles raisons les policiers ont-ils poursuivi la voiture ? – **e.** Comment les policiers ont-ils été bloqués ? – **f.** Est-ce qu'il y a des blessés ?

Leçon 5

21. a. honnête – **b.** jaloux – **c.** secrète – **d.** généreux – **e.** réfléchi.

22. b. vie privée – **c.** les petits boulots – **d.** le pain quotidien – **e.** un lieu public.

23. a. la plupart – **b.** plusieurs – **c.** à chacun des – **d.** quelques – **e.** beaucoup.

24. a. je n'ai vu personne – **b.** je n'ai rien reçu – **c.** je n'en ai eu aucun – **d.** je n'en ai pas eu – **e.** ils n'ont rien laissé.

Leçon 6

26. Les malfaiteurs : ont pénétré dans la banque à 14 h – ont tiré sur plusieurs personnes – se sont enfuis avec le butin – ont organisé le hold-up – ont été mis en prison.

Les policiers : ont poursuivi les voleurs – cherchent l'arme du crime – ont identifié les coupables – ont retrouvé le corps de la victime.

27. a. commissariat – **b.** libéré – **c.** attaqué – **d.** donné – **e.** toucher – **f.** perdre de vue.

28. a. victime – **b.** voleurs – **c.** le crime – **d.** assassins – **e.** innocents – **f.** meurtre – **g.** l'enquête.

29. a été découvert – remonte – a été trouvé – était – ont commencé – ont pensé – s'agissait – connaissait – fréquentent – a orienté – sommes – ont déclaré.

30. est engagé – devient – est renvoyé – tire – a survécu – est condamné – est exécuté – paraîtra.

Compréhension de l'oral

1. a. la remise en forme – **b.** veut éviter d'avoir mal au dos – **c.** se défouler – **d.** entretenir leur forme.

2. a. un(e) journaliste – **b.** demander une documentation – **c.**

Dans quelle ville ?	Chartres
À quel endroit ?	dans une cathédrale
Pendant quel mois de l'année ?	en juin

– **d.** par courrier.

3.

Information	Événement	Lieu	Date /durée	Causes	Conséquences
n° 1	Un incendie	La discothèque « la Riviera » de Poitiers	Dimanche		3 personnes ont été légèrement brûlées. La discothèque est totalement détruite.
n° 2	Les fermes et les terres sont inondées	La Camargue	3 jours	De violentes pluies	Il n'y a pas eu de victimes humaines mais beaucoup d'animaux sont morts noyés.
n° 3	Des avalanches	Chamonix	Hier	Les températures sont en hausse	
n° 4	Une violente tempête	La région de Biarritz		Les vents qui soufflaient à plus de 220 km/h	Des toitures et des cheminées ont été détruites. Une personne a été tuée par la chute d'un arbre.

Compréhension des écrits

1. a. 4 – **b.** jusqu'au 18 avril 2006 – **c.** 15 MMS. – **d.** 6 euros.

2. a. 30 minutes – **b.** faux – **c.** faux – **d.** faux – **e.** vrai.

3. Chanel : Filière chinoise, **a.** – Trafic de bébés, **b.** – Un futur roi est né, **e.** – Nevers-Dijon par les airs, **c.** – In English, **d.**

UNITE 5

Leçon 1

1. a. réfléchi – **b.** curieuse – **c.** autoritaire – **d.** efficace – **e.** froid.

2. a. classique – **b.** comique – **c.** moderne – **d.** légère – **e.** policier – **f.** utile.

3. a. lequel – **b.** les quels ; lesquels – **c.** laquelle ; les quelles ; laquelle.

4. Celui où – celui de – celui qui – celui que.

5. a. Ce qui me séduit, c'est... – **b.** Ceux que j'ai préférés, ce sont... – **c.** Celles que je vais écouter, ce sont... – **d.** Ceux que je déteste, ce sont... – **e.** Ce que je vais écouter... – **f.** Celles que je n'aime pas...

Leçon 2

7. a. occupations – **b.** promenades – **c.** bricolage – **d.** collections – **e.** les voyages.

8. a. 4 – **b.** 5 – **c.** 7 – **d.** 1 – **e.** 2 – **f.** 3 – **g.** 6.

9. a. a le goût du voyage – **b.** fait quelque chose pour son plaisir – **c.** fait quelque chose parce que c'est son métier – **d.** aime faire quelque chose plus que toute autre chose – **e.** réunit des objets de même nature (timbres, cartes postales...).

10. au moment où : a ; d ; e ; – **quand :** b ; c.

11. a. suis ; avons marché – **b.** était ; il faisait ; nous avons quitté ; nous sommes arrivés – **c.** on s'est perdu ; ils nous ont conduits ; ils nous ont invités ; était.

Leçon 3

13. a. Ça ne m'étonne pas ! – **b.** Ce n'est pas possible ! – **c.** Je rêve ! – **d.** Ce n'est pas vrai ! – **e.** Je tombe de haut !

14. a. nous les avons pris – **b.** ils nous l'ont envoyée – **c.** je le lui ai montré – **d.** il ne me l'a pas dit – **e.** Il me la donnera.

15. a. il me les a donnés – **b.** je ne lui en avais pas demandé – **c.** il ne m'en a pas parlé – **d.** il me l'a envoyée – **e.** il me l'a donnée.

16. a. elle ne m'en a pas parlé – **b.** elle ne me l'a pas dit – **c.** elle m'en a dit – **d.** elle m'en a posé – **e.** elle m'en a donné un ; elle ne m'en a pas donné.

Leçon 4

18. a. la honte – **b.** la tristesse – **c.** le désespoir – **d.** la jalousie – **e.** le dégoût – **f.** l'insatisfaction – **g.** le mécontentement.

19. a. la jalousie – **b.** le désespoir – **c.** la tristesse – **d.** le dégoût – **e.** le bonheur – **f.** la honte – **g.** l'amour.

20. vrai : a – c – e. – **faux :** b – d – f.

21. a. Je suis content que Frank soit venu. – **b.** J'ai honte qu'on ne puisse pas les accueillir. – **c.** Ça m'étonnerait qu'il vienne. – **d.** J'espère qu'il partira. – **e.** Ça me fait plaisir qu'elle fasse équipe avec lui.

22. a. qu'elle ne l'aimait plus. – **b.** qu'elle lui trouvait beaucoup de charme. – **c.** qu'il la connaissait depuis très longtemps. – **d.** si je ne pouvais pas les faire se rencontrer. – **e.** que cette fois il n'en pouvait plus, que c'était vraiment fini.

Leçon 5

24. a. l'imagination – **b.** la fabrication – **c.** la composition – **d.** la production – **e.** le montage – **f.** la réduction – **g.** la reprise – **h.** l'ajout – **i.** la fin – **j.** l'arrêt.

25. 1. Se décider sur un projet – **2.** Imaginer un modèle – **3.** Travailler une esquisse – **4.** Réaliser une maquette – **5.** Produire un prototype – **6.** Faire une retouche

26. a. le créateur – a mis en œuvre – la fabrication – sont assemblés. – **b.** invente – réalise – nouveau. – **c.** née – est signé. – **d.** innovations – indémodable – magique.

27. a. a été découvert – **b.** ont été réalisés – **c.** a été inventé – **d.** a été produit – **e.** ont été conçus – **f.** a été créé.

Leçon 6

30. a. conserver – **b.** perdre – **c.** disparaître – **d.** nettoyer – **e.** traverser – **f.** aimer.

31. a. 2 – **b.** 9 – **c.** 1 – **d.** 3 – **e.** 6 – **f.** 8 – **g.** 5 – **h.** 7 – **i.** 10 – **j.** 4 – **k.** 12 – **l.** 11.

32. b. l'apparence – **c.** la surprise – **d.** le doute – **e.** le mécontentement – **f.** la violence.

33. a. l'ambiance ; **b.** la santé (pour un sportif) – **c.** faire une coupe – **d.** la liaison amoureuse.

Leçon 1

1. a. faire fabriquer ailleurs – **b.** supprimer des emplois – **c.** prendre en compte les difficultés de l'entreprise – **d.** garantir l'indépendance – **e.** employer de nouveaux collaborateurs.

2. a. licencier – **b.** trouver – **c.** réduire – **d.** attaquer – **e.** diminuer – **f.** laisser faire.

3. à cause de : a – **grâce à :** c ; d – **en raison de :** b

4. a. À quoi sont dus – **b.** Quelle est la cause – **c.** À quoi est due – **d.** comment s'explique – **e.** Pourquoi – **f.** Pourquoi

Leçon 2

6. Vrai : a. – b. – d. – e. – **Faux :** c. – f.

7. b – e – a – d – g – c – f

8. objets : une souris – un clavier – un logiciel – une disquette – une imprimante – un modem – un site – la toile – une banque de données.
Fonctions : saisir – copier – coller – enregistrer – cliquer – consulter – envoyer – naviguer – interroger.
Personnes : un internaute – un informaticien – une communauté – un cyberprof.

9. a. permettront – **b.** entraînent – **c.** supprime ; créera – **d.** cause ; sera – **e.** amèneront.

10. a. ...c'est pourquoi il cherche un nouvel emploi – **b.** ...c'est pourquoi elle est sûre de trouver un très bon travail ici ou à l'étranger – **c.** ...de sorte qu'il a peu de temps pour nous voir – **d.** ...c'est pourquoi il m'aide quand j'ai des problèmes avec mon ordinateur – **e.** ...de sorte qu'elle part de plus en plus souvent en voyage de prospection à l'étranger.

Leçon 3

12. a. une crainte – **b.** l'audace – **c.** le courage – **d.** le bonheur – **e.** l'angoisse – **f.** le trac – **g.** le mécontentement – **h.** le plaisir.

13. a. il vienne – **b.** il ne te le demande – **c.** il ait tort – **d.** il ne s'en souvienne pas – **e.** nous ne prenions des risques inutiles – **f.** nous ne soyons pas capables de résister.

14. a. ne crains rien. – **b.** ne te fais pas de soucis. – **c.** ne vous inquiétez pas. – **d.** ne vous en faites pas. – **e.** soyez rassuré.

15. a. ils ne le réalisent pas ; ils le réaliseront – **b.** il ne le fasse pas ; il le fera.

Leçon 4

17. b. l'expérience du conducteur – **c.** l'état du conducteur – **d.** le type de déplacement – **e.** la vitesse de la voiture – **f.** le type de route et son état – **g.** les conditions météo.

18. a. depuis longtemps ; on sait ; est une cause – **b.** Il y a 30 ans ; on pensait ; était – **c.** Dans les années qui ont suivi ; a augmenté – **d.** Il y a quelques années ; on a remis en cause – **e.** Aujourd'hui ; on veut ; on lui préfère.

19. a. D'abord ; puis ; ensuite – **b.** D'un côté ; de l'autre – **c.** D'une part ; d'autre part.

20. a. pourtant – **b.** en revanche – **c.** cependant – **d.** en revanche – **e.** Or.

Leçon 5

22. a. le savoir – **b.** l'émerveillement – **c.** l'exploration – **d.** la recherche – **e.** la mise au point – **f.** la conception – **g.** la vision – **h.** la création – **i.** l'annonce – **j.** le commentaire.

23. a. il se compose – **b.** il fait partie – **c.** il comprend – **d.** elle permet.

24. e – b – c – f – a – d

25. a. Faites attention au café et au thé. – **b.** Méfiez-vous de l'alcool, c'est un faux ami. – **c.** Consommez avec modération pâtes et riz. – **d.** Choisissez de préférence des plats riches en calcium et magnésium. – **e.** Prenez un bain tiède et ajoutez-y de plus en plus d'eau froide.

Leçon 6

27. a. une dénonciation – **b.** une sensibilisation – **c.** une interpellation – **d.** un boycott – **e.** un appel – **f.** une réflexion – **g.** une organisation – **h.** un arrêt – **i.** un sauvetage – **j.** un choix.

28. a. dénoncer – **b.** sensibiliser – **c.** interpeller – **d.** boycotter – **e.** impliquer.

29. a. 4 – **b.** 3 – **c.** 6 – **d.** 1 – **e.** 2 – **f.** 5

30. a. ...pour que les autorités comprennent mieux nos revendications. – **b.** ... pour sensibiliser les conducteurs... – **c.** ... pour améliorer les conditions de travail des employés. – **d.** ... pour que l'environnement soit mieux protégé. – **e.** ... pour que la vie privée soit mieux protégée.

31. a. Pourquoi faites-vous de la musique ? – **b.** Pourquoi donnez-vous peu de concerts ? – **c.** Pourquoi avez-vous enregistré peu de disques ? – **d.** Pourquoi accordez-vous peu d'entretiens ? – **e.** Pourquoi avez-vous accepté aujourd'hui ?

Leçon 1

1. a. appartenir à : une association – un club de football – un parti politique – un mouvement de défense de la nature – une école de pensée philosophique.
b. posséder : un bateau – un commerce – une voiture – une maison – tous les disques de Manu Chao.

2. a. son pays – **b.** une religion – **c.** les bénéfices – **d.** les œuvres d'art – **e.** les passionnés de plongée – **f.** un tableau – **g.** une manifestation – **h.** un regard.

3. a. Je suis – **b.** Tu as – **c.** Tu es – **d.** Vous avez – **e.** Il a – **f.** Il est – **g.** Il a.

4. a. ce sont les nôtres – **b.** c'est le sien – **c.** c'est la mienne – **d.** ce sont les leurs – **e.** ce sont les vôtres.

5. a. c'est la sienne – **b.** c'est la leur – **c.** c'est le nôtre – **d.** ce sont les siens – **e.** ce sont les leurs.

Leçon 2

7. a. à la pharmacie – **b.** dans une agence de tourisme – **c.** au cinéma – **d.** au kiosque ; à la maison de la presse – **e.** à la parfumerie – **f.** à la librairie.

8. a. des cravates – **b.** des chaussures – **c.** du pain – **d.** des bagages – **e.** des sandwiches – **f.** des gâteaux (de la pâtisserie) – **g.** des produits alimentaires italiens – **h.** des produits alimentaires asiatiques – **i.** des produits alimentaires du Maghreb – **j.** des produits alimentaires grecs.

9. a. introuvable ; bon ; excellent – **b.** sympa ; chic ; sport ; rare ; discret ; tendance ; à la mode ; excentrique – **c.** quotidien ; embarrassant ; bizarre ; rétro ; futuriste ; original – **d.** spécialisé ; interactif.

10. a. choisissez... – **b.** profitez... – **c.** accédez... **d.** bénéficiez...

11. a. ont augmenté. – **b.** le prix de certains journaux a baissé. – **c.** la téléphonie mobile et les places au tournoi de tennis de Roland-Garros. – **d.** celle du stationnement à Paris. – **e.** le prix des hebdomadaires et de certains quotidiens a baissé. – **f.** le tournoi de Roland-Garros et le cinéma ont augmenté.

Leçon 3

13. a. C'est toléré. – **b.** C'est déconseillé. – **c.** C'est permis. – **d.** C'est interdit. – **e.** c'est autorisé.

14. a. conseiller – **b.** rendre facultatif – **c.** obliger – **d.** dispenser – **e.** donner une dérogation.

15. a. faites du bruit – **b.** découvrait – **c.** respectiez pas les règles – **d.** n'accepte pas les conditions – **e.** refusez de payer.

16. a. Il est interdit de passer. – **b.** Il est interdit de donner à manger aux animaux. – **c.** Je t'interdis d'y aller. – **d.** Vous n'avez pas le droit de m'interdire d'y participer. – **e.** Désolé, ce n'est pas autorisé.

Leçon 4

18. a. remercier – **b.** assurer quelqu'un de quelque chose – **c.** s'entretenir – **d.** saluer – **e.** exprimer.

19. a. J'ai le regret de vous informer... – **b.** J'ai le plaisir de vous faire savoir... – **c.** Je vous serais reconnaissant de bien vouloir accéder à ma demande... – **d.** Je vous remercie par avance de ce que vous pouvez faire... – **e.** Je suis en mesure de vous annoncer que...

20. prescrire : c ; e ; g – **réclamer :** a ; b ; – **demander :** d ; f.

21. a. Il est rappelé qu'il est interdit de toucher... – **b.** Je m'étonne de l'absence d'information concernant... – Nous sommes le 16 et je m'étonne de n'avoir pas reçu... – **c.** Quelle est votre adresse électronique ? – Où en est le projet ?

Leçon 5

23. a. la DS ② – **b.** BB ③ – **c.** Cohn-Bendit ⑥ – **d.** Platini ④ – **e.** « Touche pas à mon pote » ① – **f.** *Le Grand Bleu* ⑤.

24. a. C'est un style de mobilier auquel je m'intéresse beaucoup. – **b.** C'est une maison à laquelle j'attache une grande importance. – **c.** Ce sont des livres d'art auxquels je prête une réelle attention. – **d.** Ce sont des créateurs auxquels je reconnais un vrai talent. – **e.** ce sont des séances photos auxquelles je participe volontiers.

25. a. Le projet dont tu m'as parlé me semble intéressant. – **b.** Le livre dont tu m'as montré la maquette me paraît réussi. – **c.** Le banquier dont tu as rencontré le frère est un ami. – **d.** La banque dont nous avons contacté les clients me paraît sérieuse. – **e.** L'opération dont on a détruit les archives pourrait être relancée.

26. avec laquelle – avec lequel – à laquelle – dans lequel – dans laquelle.

Leçon 6

28. a. converger – **b.** irresponsable – **c.** changer – **d.** déléguer – **e.** dépendant – **f.** augmentation – **g.** novateur – **h.** intellectuel.

29. pour : a. 1 – c. 1 – d. 1 – **contre :** a. 2 – b. 1 – b. 2 – c. 2 – d. 2.

30. a. beaucoup de clients sont mécontents. – b. les délais de fabrication sont trop longs. – c. les processus de fabrication soient très adaptés. – d. les concurrents sont organisés autrement. – e. ce soit une bonne idée.

UNITE 8

Leçon 1

1. a. une recherche – b. une découverte – c. une publication – d. une invention – e. une mise au point – f. une réalisation – g. une conception

2. b. 4 – c. 1 – d. 5 – e. 2 – f. 3.

3. a. Il a conçu l'objet en réalisant l'expérience. – b. Ils ont cherché un nouveau dispositif en discutant des expériences. – c. Elle a mis au point l'expérience en faisant de nouveaux essais. – d. Elle a cherché d'autres solutions en découvrant d'autres phénomènes. – e. Elle a fait connaître son travail en publiant les résultats.

4. a. Quand j'ai réglé la facture... – b. S'il cherche le consensus... – c. Parce que nous sommes devenus abonnés... – d. Parce qu'il a refusé les prévisions...

5. a. En roulant vite, il ne fait pas attention. En ne faisant pas attention, il ne voit pas le danger. En ne voyant pas le danger, il manque le virage et tombe dans la rivière.
b. En allant au magasin, ils veulent acheter le nouveau produit. En voulant acheter le nouveau produit, ils font confiance à la publicité. En faisant confiance à la publicité, ils ne regardent pas la composition du produit.

Leçon 2

7. a. années – b. époque – c. siècles – d. minutes ou secondes – e. génération – f. heures – g. week-end – h. soirée – i. mois

8. a. Après t'avoir vu – b. J'arriverai tard – c. Je suis en retard – d. Un an après – e. L'année dernière – f. C'était le matin

9. a. elle avait laissé un message pour dire qu'elle était bien arrivée. – b. ...car j'étais allé à un dîner d'affaires. – c. ...qu'elle avait accepté la proposition. – d. ...on ne s'était pas vu depuis deux ans. – e. ...il avait fini d'écrire son livre.

10. a. nous avons mis au point – nous n'avons pas réussi – nous avons négocié – nous avions choisi – b. nous avons eu – nous étions partis – nous n'avions pu quitter – avait commencé –

c. avons perdu – nous ne nous étions pas assez entraînés – nous avons gagné – nous avions pris.

11. Quarante ans auparavant, en juin 1955, Yves Saint Laurent était entré comme assistant chez Christian Dior. Deux ans plus tard, il était désigné pour remplacer Christian Dior mort subitement. En janvier 1958 il avait signé sa première collection et triomphé avec la fameuse ligne « trapèze ». En décembre 1961, il avait présenté sa première robe griffée « YSL » et organisé en janvier 1962 le premier défilé de sa maison de couture. C'est en 1968 que Coco Chanel l'avait désigné comme son héritier spirituel. En 1983, le Metropolitan Museum de New York lui avait consacré une première exposition.

Leçon 3

13. a. la prise de pouvoir – b. le serment – c. l'exil – d. le vote – e. la migration – f. l'organisation – g. la réunion.

14. avant : b – c – d – **après :** a – e

15. a. **organisation de l'État :** la région – la commune – le département – b. **gestion de l'État :** l'administration – le préfet – les fonctionnaires – c. **l'économie et le social :** le chômage – l'entreprise – la Bourse – les actionnaires – les employés – les ouvriers – d. **la vie politique :** un candidat – le député – le vote – e. **l'armée :** la guerre – la paix – le défilé.

16. a. le siècle de Louis XIV – b. la Révolution française – c. la guerre de 1914-1918 – d. le débarquement – e. la Renaissance.

17. avaient manifesté – ont pris – avaient juré – étaient apparues – il y avait eu – avait créé – avait annoncé – avaient décrit – n'allait pas – n'avait pas été bien informé – a éclaté – était fatigué.

Leçon 4

19. a. le récit – b. la confirmation – c. l'aveu – d. le reproche – e. la surprise – f. la justification – g. la proposition – h. la mise en garde – i. l'objection.

20. a. demande d'information – b. la mise en garde – c. l'objection – d. la demande d'explication – e. la justification – f. le reproche – g. le mécontentement – h. la proposition.

21. L'autre répond que ça va. Il demande à nouveau si ça va et l'autre répète (assure) que ça va ; il raconte que la journée a été longue, qu'il a répondu à beaucoup de questions, qu'on ne l'a pas laissé une minute tranquille, qu'il a vécu un véritable enfer ; il avoue qu'il est épuisé. Le premier demande quand ça recommence et si ça se passe au même endroit. Le deuxième confirme que ça recommence le lendemain au même endroit. Le premier lui conseille de bien se préparer et l'avertit que ça va être terrible.

22. Tu crois – tu as mangé – n'était pas – Je suppose – Je me souviens – je me suis senti – on a trop dansé – Je pense – tu devrais – ça serait.

Leçon 5

24. a. maternelle – **b.** baccalauréat – **c.** institut de formation – **d.** lycée professionnel – **e.** professeurs – **f.** université de la Sorbonne nouvelle.

25. Vrai : b ; c ; e ; f – **Faux :** a ; d ; g ; h

26. a. bon – **b.** distrait – **c.** indiscipliné – **d.** nul – **e.** audacieux – **f.** étourdi.

27. a. excellent – **b.** nul – **c.** médiocre – **d.** mauvais – **e.** très bien – **f.** très mal.

28. a. Soyez discipliné. – **b.** Soyez attentif pendant les cours. – **c.** Évitez d'être bruyant. – **d.** Apprenez bien vos leçons. – **e.** Faites attention aux livres. – **f.** Rendez vos devoirs à l'heure. – **g.** Écrivez correctement.

29. a. S'il travaillait bien, il passerait en classe supérieure. – **b.** Si vous étiez plus attentif en classe, vous auriez de meilleures notes. – **c.** Si tu travaillais plus régulièrement, tu réussirais mieux aux examens. – **d.** Si elle relisait systématiquement ses cours, elle pourrait mieux suivre les nouvelles leçons. – **e.** Si vous étiez moins distraits, vous pourriez rendre vos devoirs à l'heure. – **f.** Si tu parlais de tes difficultés avec tes parents, tu éviterais les discussions difficiles en fin de trimestre.

Leçon 6

31. a. moqueur – tueur – démolisseur – casseur – relieur – entraîneur – copieur.

b. protecteur – conservateur – électeur – organisateur – explorateur – commentateur – dénonciateur – conducteur.

c. votant – résistant – pratiquant – habitant.

32. a. détromper – **b.** déshériter – **c.** décomposer – **d.** dépasser – **e.** décroître – **f.** dérégler – **g.** déconstruire – **h.** désorienter.

33. a. reconstruire – **b.** rassurer – **c.** relier – **d.** rappeler – **e.** recopier – **f.** réessayer – **g.** redemander – **h.** réinscrire.

34. a. inefficace – **b.** irréfléchi – **c.** immortel – **d.** inutile – **e.** imprévisible – **f.** irrégulier – **g.** indiscret – **h.** impuissant – **i.** illogique – **j.** irréaliste.

35. a. la difficulté – **b.** la compétence – **c.** la responsabilité – **d.** la variété – **e.** la rareté – **f.** l'indépendance – **g.** la célébrité – **h.** la nullité.

36. a. notable – **b.** visible. – **c.** avouable – **d.** éligible – **e.** constructible – **f.** concevable – **g.** adorable – **h.** destructible.

Compréhension de l'oral

1. a. du lundi au samedi, tous les matins – **b.** en fin d'après-midi – **c.** vrai.

2. a. renvoyer cet article – **b.** bleue – **c.** faux – **d.** 520 €.

3. a. Christopher Warner / Cristobal – **b.** auteur-compositeur – **c.** à Bordeaux – **d.** chanter – **e.** 4 langues / l'anglais, le français, l'espagnol et le portugais – **f.** Il se définit comme un citoyen du monde.

Compréhension des écrits

1. a. vrai – **b.** appuyer sur OK – **c.** Il indique s'il y a un ou plusieurs messages. – **d.** vrai – **e.** après le numéro.

2. a. du nouveau musée Jules Verne – **b.** dans la maison familiale de Jules Verne – **c.** en 1978 – **d.** en 1828 – **e.** 98.

3. a. une brochure informative – **b.** des conseils – **c.** des chaussures montantes et anti-dérapantes – **d.** du froid, du soleil et de la pluie – **e.** vrai.

Leçon 1

1. a. perdre – **b.** échouer – **c.** conserver – **d.** malchanceux – **e.** augmenter – **f.** laisser – **g.** tricher.

2. a. 4 – **b.** 2 – **c.** 1 – **d.** 3 – **e.** 5

3. a. N'importe où – **b.** N'importe lequel – **c.** N'importe qui – **d.** N'importe quoi.

4. a. Je n'ai envie d'aller ni au théâtre ni au cinéma. – **b.** On ne va ni au restaurant chinois ni au restaurant thaï. – **c.** Je n'irai ni à la mer ni à la montagne. – **d.** Je ne veux voir ni Valentin ni Alexis. – **e.** Je ne prends ni le vert ni le rose.

Leçon 2

6. a. la partie – **b.** l'équipe adverse – **c.** un record – **d.** un match – **e.** un tournoi – **f.** le 100 mètres – **g.** son équipe préférée – **h.** des points – **i.** son adversaire – **j.** son enthousiasme.

7. a. rugby – **b.** filet – **c.** volley – **d.** saut – **e.** cavalier – **f.** disputer – **g.** boule – **h.** jogging – **i.** roller – **j.** pétanque.

8. a. Importante participation au marathon. – **b.** Large victoire de Lyon contre Monaco. – **c.** Combat passionné entre les deux équipes.

9. a. enthousiasme – **b.** déception – **c.** pessimisme – **d.** optimisme – **e.** confiance.

10. est entré – a été sacré – rejoint – a fait – oublie – vient – ont élevé – étaient – vivait – a connu – est – est devenu.

Leçon 3

12. a. se contenter – **b.** déserter – **c.** s'inquiéter – **d.** fragiliser.

13. a. étonnante – **b.** bucolique / spectaculaire – **c.** dangereuse / bucolique / imprévisible – **d.** imprévisible / dangereux – **e.** bucolique – **f.** bucolique / imprévisible / recommandé.

14. a. sa pente – **b.** les bornes – **c.** en explications – **d.** en épingle – **e.** dans l'inconnu.

15. a. Se perdre en explications – **b.** Sauter dans l'inconnu – **c.** Suivre sa pente – **d.** Dépasser les bornes – **e.** Monter en épingle.

16. a. La cité Daviel s'appelle aussi la Petite Alsace parce qu'on y a édifié une série de pavillons à colombages qui entoure une petite cour pleine d'arbres et de verdure.
b. Quand vous croiserez la rue Michal, vous apercevrez de nombreuses maisonnettes qui font le charme du quartier.
c. Prendre la rue Liard qui descend et qui longe la Petite Ceinture aux talus couverts d'une végétation luxuriante.

Leçon 4

18. satisfaction : c ; f – **insatisfaction :** a ; b ; d ; e

19. a. 2 – **b.** 5 – **c.** 1 – **d.** 3 – **e.** 4

20. a. incroyable – **b.** uniques – **c.** au rythme trépidant – **d.** stupéfiantes.

21. a. Où se trouve le commissariat, s'il vous plaît ? – **b.** J'aimerais réserver une chambre dans un hôtel au bord de la mer, pas trop cher, avec un parking. – **c.** Vous pouvez m'indiquer quel sera le temps prévu pour demain ? – **d.** Je voudrais savoir à quelle heure est ouvert le château, comment on y va, s'il y a plusieurs types de visites et en quelles langues sont les visites.

22. a. ... nous ne reviendrons jamais dans cet hôtel. – **b.** ... je fasse encore travailler cette agence de voyage. – **c.** ... nous restions sauf si les prix étaient revus à la baisse. – **d.** ... vous

nous avez perdus définitivement comme clients. – **e.** ... connaître les raisons pour lesquelles la maison est en si mauvais état.

Leçon 5

24. a. efficacement – **b.** simplement – **c.** idéalement – **d.** merveilleusement – **e.** exceptionnellement.

25. a. un morceau de musique – **b.** une chanson – **c.** une mélodie – **d.** un chanteur – **e.** un CD.

26. a. terne – **b.** banale – **c.** sans couleurs – **d.** routinière – **e.** limitée – **f.** décevante.

27. a. une pièce de théâtre – **b.** un roman – **c.** une chanson – **d.** le titre d'un roman policier – **e.** une mélodie de Ravel.

28. meilleur – le plus réussi – pire – plus nul – il y a pire – il y a mieux aussi – le moins mauvais.

Leçon 6

30. a. lieu : (A) dans le Palais-Royal – la maison – le tripot – le 36 – (B) au milieu des tempêtes – au bas d'une montagne – en une grande plaine – (D) l'Étude – (E) le miroir – la cour.
b. lieu le plus vaste : au milieu des tempêtes.
c. lieu le moins étendu : le miroir.

31. a. moment : (A) vers la fin du mois d'octobre – au moment où les maisons de jeu ouvraient – (B) lorsque Caïn se fut enfui – comme le soir tombait – (C) quand la bise fut venue – (D) quand le Proviseur entra – (E) la première fois que – à présent. – **durée :** (C) tout l'été. – **âge :** (E) je devais avoir 6 ans.
b. verbes : *imparfait :* s'ouvrait – tombait – étions – portait – donnaient – croyais – étais – devais.
passé simple : entra – arriva – se trouva – entra – se réveillèrent – se leva – vis – ris – arriva – cria – reprirent.
passé antérieur : se fut enfui – fut venu.
temps le plus employé : passé simple.

32. personnages :
a. nom : (A) un jeune homme (B) les enfants – Caïn – Jehovah (C) la cigale – (D) le proviseur – un nouveau – un garçon de classe (E) un gosse – Quasimodo – les enfants.
b. métier : (C) chanteuse – (D) proviseur.
c. qualités physiques : (A) jeunes (B) échevelé – livide – (D) habillé en bourgeois (E) tant de hideur.
d. qualités morales : (B) sombre

33. a. narrateur extérieur : (A) – (B) – (C) – (D) – **narrateur lui-même :** (E)
b. (A) il monta l'escalier du tripot – (B) lorsque Caïn se fut enfui – (C) la cigale se trouva fort dépourvue –

(D) le Proviseur entra suivi d'un nouveau – (E) la première fois que je me vis dans un miroir.
c. passé simple (A – C – D – E) – passé antérieur (B).

UNITE 10

Leçon 1

1. b. l'enquête – la recherche – la sécurité – **c.** et **d.** la technique – la recherche – **e.** les sciences – la technique – l'alimentation – l'environnement – **f.** la technique – les sciences – l'environnement – l'alimentation – **g.** les sciences – l'enquête – la recherche – **h.** les jeux de hasard.

2. a. un dossier – **b.** un témoin – **c.** un protocole – **d.** une démarche – **e.** des difficultés – **f.** les possibilités – **g.** les résultats.

3. a. Quand nous commencerons les travaux, nous aurons signé le contrat depuis un an. – **b.** Quand nous établirons une stratégie, nous aurons déjà rencontré les associés. – **c.** Quand tu rédigeras les conditions, tu auras déjà appelé le vendeur. – **d.** Quand tu viendras nous rejoindre, tu auras relu le texte de notre proposition. – **e.** Quand nous partirons annoncer la nouvelle à la conférence, tu auras transmis le dossier.

4. a. Dans – D'ici – Dès que – dans – jusqu'à ce que – **b.** Dans – D'ici – Jusqu'à – Dès que – jusqu'à ce que

Leçon 2

6. a. autobus – voiture – tramway – métro – bicyclette – **b.** crèche – école – hôpital – clinique – **c.** banques – supermarché – bar – restaurant – **d.** bibliothèque – cinéma – théâtre – piscine – salle de concert – salle de sport.

7. a. bruit – **b.** banque – **c.** lycée – **d.** clinique – **e.** stades – **f.** discothèque – **g.** mosquée.

8. se résoudront – élaborera – associe – importera – sont déjà entrepris – sont aménagées – construit – seront réservées – sera privilégié – baissera.

9. a. remplacera – promouvra – restaurera – **b.** valorise – mette en place – soutienne.

Leçon 3

11. a. un reproche – **b.** une suggestion – **c.** une appréciation – **d.** une atténuation – **e.** une précision – **f.** un jugement.

12. a. une suggestion – **b.** une appréciation – **c.** une précision – **d.** un jugement – **e.** une atténuation.

13. a. Je regrette que le match n'ait pas eu lieu. – **b.** Je suis heureuse qu'ils aient participé à la compétition. – **c.** Je crains qu'elle ne chante pas demain. – **d.** J'ai peur que nous soyons en retard. – **e.** Je ne pense pas qu'elle ait tort.

14. a. ...que vous n'ayez pas règlé le problème avant son départ. – **b.** ...tu n'aies pas abordé la question pendant la réunion. – **c.** ...je paie la note. – **d.** ...ne fasse pas davantage preuve d'imagination. – **e.** ...n'aies pas convaincu nos interlocuteurs.

15. a. Bien qu'on trouve plus difficilement du travail, ... – **b.** Bien que les jeunes n'aient pas le look des anciens, ... – **c.** Bien qu'on leur dise d'arriver à l'heure, ... – **d.** Bien que les conditions de travail aient changé, ...

Leçon 4

17. a. l'effet de serre – **b.** la couche de gaz – **c.** les ressources naturelles – **d.** les gaz à effet de serre – **e.** les carburants propres.

18. vrai : b ; e – **faux :** a ; d ; c.

19. a. 3 – **b.** 1 – **c.** 6 – **d.** 2 – **e.** 4 – **f.** 5.

20. a. Il y a de plus en plus de voitures de service qui fonctionnent à l'électricité – **b.** On constate qu'il y a de moins en moins de voitures qui ne roulent pas à l'essence sans plomb. – **c.** Dans les supermarchés les sacs en papier remplacent de plus en plus les sacs en plastique. – **d.** Les marchés biologiques où on trouve des produits non traités remportent de plus en plus de succès auprès d'une population nombreuse. – **e.** On utilise de plus en plus d'emballages en verre recyclable.

Leçon 5

22. a. transplantation – **b.** démocratie – **c.** adaptation – **d.** multiplication – **e.** fabrication – **f.** programmé.

23. a. l'économie – **b.** les objets – **c.** les êtres vivants – **d.** le réel.

24. a. l'inspiration – **b.** le but – **c.** l'innovation – **d.** le gain – **e.** la programmation – **f.** la modification **g.** la conception.

25. a. Ils sont habillés pareil ! – **b.** Tu rêves ! – **c.** Il a une drôle de tête ! – **d.** Superbe la fille ! – **e.** On ne les regarde pas.

26. Pourrait – seront obligées – veulent – devront – pourraient – sont – sera capable d' – pratiquera – implantera – ressemblait – deviendraient – nous comporterions-nous – s'établirait.

Leçon 6

28. a. un poulet – du poisson – des carottes – de la salade – des cèpes – des œufs – du fro-

mage – du sel – de l'ail – du persil – du poivre.
b. un bol – une cocotte – un saladier – une cuillère – un plat – une poêle.
c. casser – ajouter – couper – parfumer – replier – battre – verser.
d. un morceau – une cuillérée – une pincée – un demi-litre – quelques gouttes – 150 grammes – un peu de – un verre de.

29. a. une glace à la vanille – **b.** un confit d'oie – **c.** un gratin de pommes de terre – **d.** une salade de fruits – **e.** des tomates à la provençale – **f.** un poisson à la basquaise – **g.** une tarte à la crème.

30. a. à la salade – **b.** fondue – **c.** juteuse – **d.** en compote – **e.** en sauce.

31. a. États-Unis – **b.** Italie – **c.** Maghreb – **d.** Grèce – **e.** Autriche – **f.** Brésil.

32. préparez – faites – laissez – étendez – mettez – rabattez – frappez – étendez – repliez – mettez – recommencez – donniez.

UNITE 11

Leçon 1

1. a. fêter le succès au bac – fleurir les tombes – faire le réveillon – offrir du muguet – écrire des cartes postales – **b.** les prix littéraires – le rallye Paris-Dakar – le festival de Cannes – la Coupe de France – le Tour de France – Roland-Garros. **c.** inviter sa petite amie au restaurant – faire un régime.
d. le beaujolais nouveau – mettre sa montre à l'heure d'été – faire les soldes – les cartes de vœux – la déclaration des revenus – les avis d'impôt – faire le pont.

2. a. Épiphanie – Pâques – Ascension – Assomption – Pentecôte – Toussaint.
b. Jour de l'An – Mardi gras – fête des Mères – fête des Pères.
c. 1er mai – 8 mai – 14 juillet – 11 novembre.

3. a. maillot jaune – **b.** Palme d'or – **c.** Saladier d'argent – **d.** Coupe de France – **e.** Bouclier de Brénus.

4. a. à Noël – **b.** au mois de mai – **c.** en janvier – **d.** à l'Épiphanie – **d.** pour le beaujolais nouveau – **f.** à la Fête de la musique

5. a. écrire – **b.** remplir – **c.** inviter – **d.** offrir – **e.** fleurir – **f.** goûter.

Leçon 2

7. a. jeu – **b.** journal télévisé – **c.** émission de variété – **d.** émission de société – **e.** série policière.

8. a. S'il avait été bien conseillé, on n'aurait pas perdu le marché. – **b.** Si on avait fait attention à la pollution industrielle, on n'aurait pas à traiter aujourd'hui des problèmes compliqués d'environnement. – **c.** Si on avait été écoutés sur les risques, on ne serait pas obligés de supporter le bruit constant des avions. – **d.** Si elle avait mieux préparé la compétition, elle n'aurait pas abandonné. – **e.** S'il avait révisé, il n'aurait pas raté son bac.

9. a. mesurer – **b.** engager – **c.** séduire – **d.** préparer – **e.** montrer – **f.** refuser.

10. vous ne seriez pas obligé – vous n'ayez pas insisté – vous auriez quand même pu – nous n'avions – vous vous sentiriez – nous l'ayons fait – nous ne nous serions pas vus – ça aurait été.

11. si nous étions partis – il y aurait eu – On aurait trouvé – on aurait bénéficié – On n'aurait pas été obligés – Nous aurions pu – Les petites places auraient été – On aurait fait – qui nous auraient forcément ramenés.

Leçon 3

13. a. détester – **b.** sans intérêt (inintéressant) – **c.** ennuyeux – **d.** antipathique – **e.** être prisonnier du travail

14. a. Aucun de ses tableaux ne se ressemblent. – **b.** On ne pouvait pas plus mal choisir. – **c.** C'est totalement inactuel. – **d.** Quelle chance d'être venu ! – **e.** Vous avez eu raison de partir si loin.

15. on parte – me lever – nous prenions notre temps – nous n'allions – j'adorerais – on flâne – on reste – on contemple – je me conduise.

16. a. Je l'ai trouvée tellement passionnante que je l'ai enregistrée. – **b.** Il y avait tellement de monde que je n'ai rien vu. – **c.** Le conférencier a tellement parlé qu'il restait très peu de temps pour les questions. – **d.** Elle a tellement changé que je ne l'ai pas reconnue. – **e.** Il (elle) avait tellement le trac que je n'ai rien compris.

17. a. ... si rapidement que tout le monde...
b. Il y a eu tant de bons moments que je...
c. Il a tellement couru qu'il ne peut...
d. Il s'est si peu entraîné qu'il ne pouvait pas...
e. Les joueurs jouaient si mal que plus personne ne regardait.

Leçon 4

18. a. craindre – s'étonner – suggérer – sensibiliser – refuser – respecter – protéger – interdire.
b. respecter – céder – rivaliser – tromper – avoir tort – échouer – avouer.
c. ranger – accomplir – programmer – gérer – commander – améliorer – se mettre en valeur.

d. explorer – se perdre – découvrir – se détendre – se distraire – traîner.

19. a. efficace – méthodique – compétent – audacieux – **b.** amoureux – secret – jaloux – indépendant – imprévisible.

20. a. libre – **b.** choisir – **c.** partager – **d.** égalité – **e.** travailler – **f.** progrès.

21. a. le lave-vaisselle – **b.** le sèche-linge – **c.** le fer à repasser – **d.** la machine à laver – **e.** l'aspirateur – **f.** la cireuse – **g.** la cuisinière.

22. a. le linge – les sols – les vitres – **b.** la poussière – le rerpassage – la salle de bains – la vaisselle – les courses – **c.** de l'ordre – la table.

23. mieux ; plus ... que – plus ; de plus en plus – plus ... que – meilleur – de plus en plus – les plus – le plus – moins en moins ; plus en plus.

Leçon 5

25. a. le renouvellement – **b.** la modification – **c.** la transformation – **d.** le bouleversement – **e.** l'évolution – **f.** le concours – **g.** l'expérimentation – **h.** l'amélioration.

26. a. 4 – **b.** 3 – **c.** 5 – **d.** 1 – **e.** 2.

27. a. un heurt – **b.** le vers – **c.** le poste – **d.** le maire – **e.** la capitale – **f.** le faune – **g.** le thym.

28. a. 3 – **b.** 5 – **c.** 2 – **d.** 1 – **e.** 4.

29. a. chat et chas – amande et amende – pécheur et pêcheur – pair et paire – session et cession.

b. amande – pécheur – chat – cession – paire.

UNITE 12

Leçon 1

1. Ça marche ! – **b.** Là c'est non ! – **c.** Ce n'est pas impossible. – **d.** Pourquoi pas ? – **e.** On avance. – **f.** Il faut en reparler.

2. a. soignée – **b.** parfait – **c.** imprévisible – **d.** décidée – **e.** recommandée.

3. a. Tu participerais à la randonnée de dimanche. – **b.** Il m'a demandé si j'étais d'accord pour venir à la campagne passer le prochain dimanche. – **c.** Je voudrais savoir si tes amis pourraient nous aider à déménager. – **d.** J'aurais besoin de ta compétence pour achever ce projet. – **e.** Tu pourras me faire une proposition pour la prochaine campagne de promotion.

4. a. Ça dépend de lui. – **b.** Oui, à condition qu'il travaille. – **c.** Oui, à moins que tu ne veuilles... – **d.** Oui, à condition de...

Leçon 2

6. b. au pied des minarets – **c.** le silence – **d.** la grisaille – **e.** le jour – **f.** la distance.

7. a. étranger en France – **b.** en situation irrégulière – **c.** zone de banlieue – **d.** devenu français – **e.** né en France.

8. vrai : a. – b. – c. – e. – f. – **faux :** d.

9. a. Maghreb – **b.** Algérie – **c.** Espagne – **d.** Italie – **e.** Afrique.

10. a. Bien que l'intégration soit devenue plus compliquée, la réussite... – **b.** Bien que la reconnaissance des immigrés ne soit pas évidente, la réussite... – **c.** Bien qu'il y ait des difficultés à faire de certains jeunes Français issus de l'immigration des citoyens comme tout le monde, Belsunce...

Leçon 3

12. écrit : c. – e. – g. – h. – **oral :** a. – b. – d. – f.

13. a. après avoir bousculé quelqu'un – **b.** être en retard – **c.** interpeller quelqu'un – **d.** interrompre un entretien – **e.** après la lecture d'une lettre – **f.** dans une relation d'intimité – **g.** dans une relation hiérarchique – **h.** après un accident involontaire.

14. a. Elle m'a assuré qu'elle ne l'avait pas fait exprès, qu'elle était attentive à tout ce qui s'est passé. – **b.** Je lui ai répondu que je la croyais mais que je m'inquiétais de la réaction des clients. – **c.** Elle s'est excusée et m'a demandé ce qu'elle pouvait faire pour m'aider car elle ne voulait pas que j'ai des ennuis. – **d.** Je l'ai rassurée et je lui ai dit que tout irait bien.

15. a. Si vous étiez arrivé à l'heure, vous n'auriez pas dû vous excuser. – **b.** Si les jeunes n'avaient pas fait tant de bruit, les habitants de l'immeuble n'auraient pas appelé la police. – **c.** Si elle avait accepté la proposition, elle n'aurait pas été obligée de faire des concessions. – **d.** S'il avait plus travaillé, il figurerait en meilleure place.

16. a. Offrez une place assise à une personne âgée. – **b.** Ne doublez pas les gens dans une file d'attente. – **c.** Ne dites pas de gros mots. – **d.** Tenez une porte à une dame. – **e.** Ne téléphonez pas sur votre portable dans un lieu fermé.

Leçon 4

18. relations professionnelles : 2 ; 4 ; 6 ; 14 – **relations sociales :** 8 ; 10 ; 11 ; 12 ; 13 – **relations amicales ou amoureuses :** 1 ; 3 ; 5 ; 7 ; 9.

19. a. l'interdiction – **b.** la décision – **c.** la dépendance – **d.** l'harmonie – **e.** l'irresponsabilité – **f.** se taire.

20. a. tu prennes des risques inutiles – **b.** ils se mêlent de ce qui les regarde – **c.** de mettre ma vie en danger – **d.** on lui donne son autonomie – **e.** je me débrouillerais tout seul.

21. a. Les témoignages confirment que l'école est incapable d'intégrer les nouveaux immigrés. – **b.** Les analyses prouvent que la modernisation est freinée par les archaïsmes. – **c.** Les enquêtes révèlent que la jeune génération a un niveau certain de maturité. – **d.** Les guides montrent que la nouvelle gastronomie n'est pas arrêtée dans son audace par la tradition.

Leçon 5

23. Sites religieux : cathédrale d'Amiens, de Bourges, de Vézelay, de Reims, de Chartres – chemin de Saint-Jacques de Compostelle – abbaye de Fontenay.
Sites urbains : Avignon ; Nancy ; Carcassonne ; Lyon.
Sites économiques : le canal du Midi ; saline royale (Arc-et-Senans) ; Saint-Émilion.
Sites architecturaux ou archéologiques : les grottes ornées de la Vézère ; Arles ; Versailles ; Chambord ; Orange ; Le pont du Gard ; Fontainebleau.
Sites naturels : le cap de Girolata et de Porto.

24. a. grottes ornées – **b.** Orange – pont du Gard – Arles – **c.** Ile de la Cité – Reims – Bourges – Amiens – Fontenay – **d.** Chambord – Lyon – Fontainebleau – **e.** Versailles – **f.** Arc-et-Senans – Canal du Midi.

25. a. déborde – était – pouvait – devenait – déclarait – faisait.
b. donne – surplombe – naît – traverse – se jette – franchit.
c. a été – a conquis – a libéré – n'a pas pu.
d. est – se dressa – mourut – rend hommage.

27. À gauche de la carte, de haut en bas : Mont-Saint-Michel – Chartres – Versailles – Carcassone.

À droite de la carte, de haut en bas : Amiens – Reims – Bourges – Lyon – Avignon – Arles – Girolata.

Compréhension de l'oral

1. a. Il a fait mauvais le premier jour – **b.** à Strasbourg – **c.** Le séjour en Alsace trop court – **d.** quatre jours – **e.** contente.

2. a. vrai – **b.** dans la banlieue – **c.** plutôt résidentiel et calme – **d.** sur les hauteurs, près de la campagne – **e.** Il faut les accompagner en voiture ou ils doivent prendre le bus.

3. a. le Bouillon Racine – **b.** des touristes – **c.** sont pressés – **d.** en été : une salade, un café et un dessert / en hiver : une salade verte et un potage – **e.** faux.

Compréhension des écrits

1. a. mardi et vendredi – **b.** 2 journaux et 3 suppléments – **c.** faux, ils reçoivent un supplément en plus, le Figaroscope. – **d.** moins importante que la réduction pour la formule week-end – **e.** un sac de voyage.

2. a. Dominique Delamarre, directeur service clients – **b.** SFR – **c.** le portail Vodafone live – **d.** oui, la connexion à ce portail – **e.** aux derniers résultats sportifs, à l'adresse d'un restaurant, à la météo du week-end.

3. a. vrai, « ils produisent 360 kg de déchets par an et par personne. » – **b.** vrai, « en cause : les petits plats suremballés, les sachets fraîcheur, les lingettes de nettoyage, les étuis individuels des biscuits... » – **c.** faux, « responsabiliser sans culpabiliser le citoyen » – **d.** faux, « des spots publicitaires seront diffusés à la télévision cette semaine. » – **e.** vrai, « bons conseils, certes ».

N° d'éditeur : 10152134 - CGI - Juillet 2008
Achevé d'imprimer en Italie par Rotolito Lombarda

4■ Un récit romanesque. Complétez avec le présent, le passé composé ou l'imparfait.

Nous *(avoir)* .... un nouveau en classe l'après-midi. La maîtresse *(arriver)* ....
avec un petit garçon qui *(avoir)* .... des cheveux tout rouges (...) et des yeux bleus comme la bille
que je *(perdre)* .... hier à la récréation. « Mes enfants, *(dire)* .... la maîtresse,
je vous *(présenter)* .... un nouveau petit camarade. Il *(être)* .... étranger.
(...) Ses parents le *(mettre)* .... dans cette école pour qu'il apprenne à parler le français. »
Et puis la maîtresse *(se tourner)* .... vers le nouveau et elle lui *(dire)* .... : « Dis
ton nom à tes petits camarades. » Le nouveau ne pas *(comprendre)* .... ce que lui *(demander)*
.... la maîtresse, il *(sourire)* .... (...) Comme le nouveau ne *(dire)*
.... rien, la maîtresse nous *(indiquer)* .... qu'il *(s'appeler)* ....
George McIntosh. « Yes », *(dire)* .... le nouveau.

Georges Goscinny. *Le Petit Nicolas*, Gallimard.

écrit

5■ Vous interviewez une personnalité française que vous connaissez : sportif, chanteur, acteur, écrivain, homme politique, scientifique, etc. Vous lui faites raconter sa vie. Écrivez l'interview.

....
....
....
....

2 réfléchir à l'apprentissage du français
vocabulaire

6■ Qu'est-ce que vous préférez ?

*Ex. : J'aime bien écrire, j'aime bien **la rédaction**.*

a. Je préfère compter, je préfère ....
b. J'aime beaucoup jouer au ballon, mon activité préférée est ....
c. Je veux devenir pianiste, je vais volontiers au cours de ....
d. Je souhaite partir soigner les gens en Afrique. Je m'intéresse beaucoup à ....
e. J'aimerais bien travailler dans le commerce international. J'apprends donc plusieurs ....

7■ Dites-le autrement.

*Ex. : être spontané : **avoir de la spontanéité**.*

a. Être discret ....
b. Être méthodique ....
c. Être réfléchi ....
d. Être doué ....
e. Être confiant en soi ....
f. Être efficace ....
g. Être inquiet ....

grammaire

8■ Demander des informations. Posez les questions.

Ex. : – ***Quelle est l'activité que vous préférez ?*** *– Les jeux de rôles.*

a. ....?

Plus tard, je voudrais devenir pianiste.

b. ....?

J'ai commencé à faire du piano à l'âge de 4 ans.

c. ....?

Pour moi, le plus difficile, ce sont les exercices que je dois faire chaque matin.

d. ....?

La condition pour réussir, c'est de gagner les grands concours internationaux, le concours Chopin
par exemple.

9■ Rapporter des paroles. Transformez au style indirect.

On vous demande de faire l'interprète :
Ex. : *Vous êtes très heureuse.* → ***Vous répondez que vous êtes très heureuse.***

a. Vous dites : « D'accord, mais ce ne sera pas parfait. »

....

b. Vous acceptez mais vous passez la nuit à réviser.

....

c. Vous refusez.

....

10■ Comparez ces deux personnes entre elles et dites qui vous préférez.

Voici les portraits d'Amélie et de Justine.
Amélie : discrète, efficace, réfléchie, travailleuse, stable.
Justine : sympathique, travailleuse, spontanée, indépendante, efficace.

....

....

....

....

11■ Donner des conseils. Relevez les conseils contenus dans cet horoscope ; faites-en la liste et classez-les.

CANCER   22 JUIN - 22 JUILLET
Méfiez-vous de votre trop grande imagination. Elle
pourrait vous mener plus loin que vous ne le pensez.
Soyez réaliste et positif. Pensez à votre week-end.

LION   22 JUILLET - 22 AOÛT
Ne vous méprenez pas sur le sens des paroles qui
sont prononcées autour de vous en ce moment.
Vivez simplement, laissez de côté votre orgueil
chatouilleur.

VIERGE   23 AOÛT - 22 SEPTEMBRE
Certes les événements ne jouent pas toujours en
votre faveur, mais il faut savoir y faire face avec
courage. C'est votre intérêt. Soyez patient.

BALANCE   23 SEPTEMBRE - 22 OCTOBRE
Il serait bon de canaliser toute votre énergie sur un
seul point et ne pas laisser aller votre imagination
parfois trop grande. La paix est à ce prix.

SAGITTAIRE   22 NOVEMBRE - 20 DÉCEMBRE
Ne croyez pas sans cesse que tout se passera aussi
facilement que vous le souhaitez. Il va falloir fournir
de gros efforts si vous voulez remporter la palme.

VERSEAU   21 JANVIER - 18 FÉVRIER
Regardez l'avenir avec plus de confiance. Ne doutez
pas des autres et sollicitez des conseils, si vous le
jugez utile. Une rencontre sera heureuse et pleine
d'espoir.

Conseils psychologiques : ....
....

Conseils pratiques : ....
....

3 éviter les répétitions

vocabulaire

12 ■ Pour éviter les répétitions, trouvez, dans la liste, un synonyme à ces expressions.

a. Super : ....
b. Terminé : ....
c. Négatif : ....
d. Pas question : ....
e. Je vous appelle : ....
f. Ce n'est plus mon problème : ....

certainement pas – je vous téléphone – ça ne me concerne plus – formidable – fini – non.

13 ■ Trouvez les verbes qui correspondent aux mots soulignés.

Ex. : Ils nous donnent une réponse : répondre.

a. Il a laissé un message sur le répondeur : ....
b. Il annonce l'ouverture d'un nouveau magasin : ....
c. Il m'a donné un bon conseil : ....
d. Il fait une petite fête pour l'anniversaire de Mildred : ....
e. Romina fait des études de langue : ....
f. Il organise une présentation du scénario du film publicitaire : ....

grammaire

14 ■ Confusion... Complétez avec des pronoms pour éviter les répétitions.

Quand je suis arrivé chez Marco, il .... avait laissé deux billets ; il .... invitait, toi et moi, au cinéma. Quand j'ai découvert le titre du film, j'ai compris que tu .... avais déjà vu. Pourtant, j'avais très envie que nous .... allions.

Tu .... as dit alors que tu aimerais bien .... revoir parce que tu as beaucoup aimé l'histoire mais que la deuxième fois tu .... regarderas autrement. Alors nous avons décidé d' .... aller. Quand je .... ai retrouvé devant le cinéma, je .... suis étonnée de ne pas voir Marco. Il s'était trompé de salle.

15 ■ Affaire de style : comment éviter les répétitions dans un texte littéraire ? Complétez.

a. Une première lettre vient d'arriver à l'agence. C'est une brave femme à l'écriture maladroite qui dit que son fils âgé de 14 ans est handicapé, qu'elle **le** garde à la maison, et s'occupe de .... aussi bien qu'elle .... peut. Elle a pensé que peut-être...

b. J'arrive chez Éric avec mon livre de lecture. (...) Je .... indique ensuite que nous allons commencer par une nouvelle particulièrement étonnante et même fantastique qui s'appelle *La Main*.

c. (...) Il paraît un peu fébrile, mais enthousiaste et impatient. Je .... dis qu'il a sûrement une meilleure nature que bien des garçons de son âge. Je .... arrête un instant pour dire à Éric que s'il y a des mots qui .... gênent, d'une manière ou d'une autre, il n'hésite pas à .... interrompre, à .... demander le sens.

(Extraits de *La Lectrice* de Raymond Jean).

écrit

16■ Présentez un film que vous avez particulièrement aimé.

Voici les éléments que vous pourrez plus particulièrement évoquer : le sujet du film ; l'histoire (le scénario) ; les personnages ; l'interprétation ; les acteurs ; les images ; la mise en scène.

....
....
....
....
....

4 exprimer une opinion
vocabulaire

17■ Pour donner votre opinion, vous pouvez dire : « je suis d'accord », « je déteste », « j'ai horreur », « j'aime assez », « je trouve l'idée originale », « j'adore ». Quelles expressions utiliseriez-vous à propos :

a. d'un film ? ....
b. d'un vêtement ? ....
c. d'un plat ? ....
d. d'un débat d'idées ? ....

18■ Pour ou contre : des adjectifs pour exprimer des opinions contraires.

*Ex. : spectaculaire : **ordinaire**.*

a. beau : .... **e.** original : ....
b. lent : .... **f.** difficile : ....
c. amusant : .... **g.** pessimiste : ....
d. passionnant : .... **h.** superficiel : ....

19■ Pour ou contre : donnez le nom qui correspond à l'adjectif.

*Ex. : beau : **la beauté**.*

a. lent : .... **e.** ennuyeux : ....
b. laid : .... **f.** pessimiste : ....
c. original : .... **g.** optimiste : ....
d. léger : ....

20■ Pour ou contre : ils ont presque le même sens. Aidez-vous de la liste.

*Ex. : beau : **magnifique**.*

subtil – étonnant – exigeant – touchant – intense – banal – superficiel.

Communiquer

a. émouvant : . . . . **e.** ordinaire : . . . .

b. difficile : . . . . **f.** fin : . . . .

c. léger : . . . . **g.** fort : . . . .

d. original : . . . .

grammaire

21 ■ « Trouver » ou « penser » : rédigez les questions qui amènent l'expression de l'opinion.

Ex. : On va interdire de fumer pendant les réunions. ***Qu'est-ce que vous en pensez ?***

a. Moi, je suis d'accord avec la proposition.

Et vous . . . . ?

b. Vous avez vu notre nouveau tableau ? Nous, on l'aime bien...

Et vous . . . . ?

c. Très drôle cette histoire de tableau, on a beaucoup aimé la pièce.

Et vous . . . . ?

d. Pour une majorité de jeunes, c'est l'intérêt du métier qui est important.

Et vous . . . . ?

e. Formidable, la finale de tennis.

Et vous . . . . ?

22 ■ Utilisez les expressions suivantes pour préciser la pensée.

Qu'est-ce que vous voulez dire ? – Vous pouvez préciser ? – Vous êtes sûr ? – Vous pouvez répéter ? –
Vous croyez ?

a. Oui, c'est une situation injuste. Les femmes sont majoritaires socialement et elles sont minoritaires politiquement.

– . . . . ?

b. Hé bien oui, il y a moins de 10 % de femmes parmi les députés.

– . . . . ?

c. Oui, je pense qu'il faut une loi qui impose l'égalité hommes/femmes au Parlement.

– . . . . ?

d. Eh bien, qu'on oblige les partis politiques à présenter autant d'hommes que de femmes !

– Quoi ? . . . . mais ce n'est pas démocratique !

– . . . . ?

– C'est évident ! Et pourquoi pas demain un pourcentage pour chaque communauté !

écrit

23 ■ Égalité hommes/femmes, interdiction de fumer au bureau, journée sans voiture : choisissez un thème et donnez votre opinion.

. . . .

. . . .

. . . .

. . . .

. . . .

5 se rencontrer

vocabulaire

24■ Lisez les petites annonces. Classez les adjectifs dans les catégories suivantes :

a. Le physique : **très jolie blonde,** ....

....

b. Le caractère : ....

....

c. La profession : ....

....

d. Les loisirs : ....

....

e. Les goûts : ....

....

Informaticienne 30 a. Très jolie blonde, yeux noisette, hyper féminine, optimiste mais réaliste, douce, rieuse - aimant arts, voyages, musique (pianiste) - souh. partager bons et mauvais moments avec Homme bon, simple, sensuel.

Secrétaire de Direction 28 a. Brune, pétillante, très sexy, un peu timide, sincère, fidèle, cinéphile - aime connaître et voyager - souh. amour et humour avec Homme respectueux, intelligent.

Ingénieure 35 a. Très belle femme, élégante, raffinée - ouverte aux autres, au dialogue - sportive, très sensuelle, souh. compagnon ayant charme et humour pour bonh. vrai.

Dentiste 32 a. Blond yeux verts, belle tête et grand cœur, libéral, spontané, «un brin romantique» souh. ép. JF rieuse, sympa, sensée, capable tenir grande maison et désir. enft.

Directeur commercial, 42 a. Brun, athlétique, large d'épaules et d'idées, fou de sport - tennis, yachting, équitation... - souh. vie à deux avec Femme équilibrée, douce, responsable.

Banquier, 49 a. Élégant, brillant, racé, beaucoup de charme et de présence, très rigoureux dans ses choix, sportif, érudit, souh. compagne très féminine, cultivée.

25■ Associez les contraires.

*Ex. : réfléchi : **spontané**.*

a. indépendant : ....

b. sympathique : ....

c. égoïste : ....

d. travailleur : ....

e. amusant : ....

f. idéaliste : ....

g. stable : ....

h. patient : ....

i. optimiste : ....

j. timide : ....

impatient – désagréable – paresseux – réaliste – dépendant – généreux – pessimiste – triste – entreprenant – changeant.

grammaire

26■ Pour caractériser, retrouvez le pronom relatif qui convient.

a. Quand vous êtes-vous rencontrés ?

À l'occasion de l'exposition Dubuffet .... était organisée à Beaubourg.

b. Où vous êtes-vous vus pour la première fois ?

Au baptême .... nous étions parrain et marraine du même enfant.

c. Quand l'avez-vous connue ?

À la fac .... nous nous inscrivions aux mêmes travaux pratiques.

d. Ça a été une drôle de rencontre ?

Oui, si vous voulez. Nous allions voir tous les deux un film .... s'appelle *Brève Rencontre*, un vieux film .... nous adorons.

e. Vous aimez les transports en commun ?

Oh oui, c'est le moyen de transport .... on fait le plus facilement des rencontres !

L'autobus c'est toujours pour moi un tramway .... je peux nommer désir.

27■ Dites-le autrement.

Ex. : Romina Lemercier est une créatrice. Elle a beaucoup de talent.

➔ **Romina Lemercier est une créatrice qui a beaucoup de talent.**

a. J'ai rencontré Romina grâce à Magda. Magda connaît très bien Marco.

➔ ....

b. Magda faisait avec Marco des études de cinéma. Elle les a abandonnées.

➔ ....

c. Un soir, Marco a amené Romina à l'appartement. Il y avait une fête avec beaucoup de monde.

➔ ....

écrit

28■ Rencontres surréalistes. Écrivez la rencontre célèbre, imaginée par un poète, entre un fer à repasser et une machine à coudre. Racontez.

....

....

....

....

....

....

6 mettre en valeur
vocabulaire

29■ Pour éviter les répétitions. Vous avez remarqué dans le texte :

*La pomme golden devient « **la golden** », « **le fruit le plus consommé** », « **la reine des pommes** ».*

*Alain Ducasse devient « **le chef qui a le plus d'étoiles** », « **le chef consacré deux fois** », « **le chef qui obtient la plus haute distinction** ».*

Faites la même chose avec :

a. Un sportif : Zinedine Zidane ➔ ....

b. Un acteur : Gérard Depardieu ➔ ....

c. Un objet : la baguette ➔ ....

d. Un monument : la tour Eiffel ➔ ....

e. Un parfum : Chanel n° 5 ➔ ....

Communiquer

grammaire

30■ Toujours plus... Complétez.

a. Trouvez-moi le collaborateur **le plus** efficace ; je le veux .... spontané et .... méthodique que celui qui nous quitte.

b. Il faut proposer un scénario .... spectaculaire mais .... exotique que l'autre agence.

c. Rédigez des articles .... inattendus et .... courts.

d. Envoyez les informations .... surprenantes.

e. Faites-moi un magazine .... riche que celui de nos concurrents et .... passionnant.

f. Connaissez-vous Motus, c'est l'animateur .... populaire de la télévision ?

31■ Savez-vous que... ? Complétez.

Ex. : Qu'est-ce qu'ils écoutent à la radio ? Chansons : françaises : 38 % ; étrangères : 62 %.
→ *Les Français écoutent **moins** de chansons françaises **que** de chansons étrangères.*

a. Où vont-ils ?
Sorties : cinéma : 50 % ; théâtre : 16 %.

→ ....

b. Que font-ils ?
Bricolage : 50 % ; promenades : 70 %.

→ ....

c. Que regardent-ils ?
Télévision : films : 25 % ; documentaires : 15 %.

→ ....

d. Que lisent-ils ?
Presse : journaux : 45 % ; magazines : 95 %.

→ ....

32■ Mettre en valeur. Faites comme dans l'exemple.

Ex. : Quel est le meilleur scénario ? (le scénario de Didier) → ***C'est le scénario de Didier qui est le meilleur.***

a. Quel est le meilleur projet ?
→ *(le projet de l'agence Cactus)* ....

b. Quel est le meilleur hôtel ?
→ *(l'hôtel Palace)* ....

c. Quel est le meilleur établissement scolaire ?
→ *(le lycée Jacques-Prévert)* ....

d. Quel est le meilleur film de cette année ?
→ *(« Le Fabuleux Destin d'Amélie... »)* ....

écrit

33■ Quel est chez vous l'aliment le plus consommé ? Caractérisez-le. Dites pourquoi.

....

....

....

....

....

1 imaginer – faire des suppositions

vocabulaire

1■ Condition ou supposition ? Cochez la bonne case.

	condition	supposition
a. On ira si elle vient.	☒	☐
b. Si on partait demain...	☐	☐
c. On le rencontrera si je veux.	☐	☐
d. Si on passait les vacances ensemble ?	☐	☐
e. Si on se quittait, qu'est-ce qui se passerait ?	☐	☐
f. Si on sortait ce soir ?	☐	☐

grammaire

2■ Avec des si... Conjuguez les verbes entre parenthèses.

Ex. : Si tu lui proposais de venir, elle (accepter) ***accepterait***.

a. Si c'était à refaire, je le *(refaire)* . . . .

b. Si c'est un garçon, je l'*(appeler)* . . . . François.

c. Si tu veux, tu *(pouvoir)* . . . . venir.

d. Si on organisait une fête, tu *(venir)* . . . . ?

e. Si on fait équipe ensemble, tu *(devoir)* . . . . partir en premier.

3■ Faire des suppositions. Complétez avec le verbe entre parenthèses.

*Ex. : **Si je l'invitais** à une randonnée, **j'aurais** peut-être une chance.*

a. Si je le rencontrais, il me *(remarquer)* . . . . sûrement.

b. Si elle participait au concours, tu crois qu'elle *(avoir)* . . . . des chances de le voir ?

c. Si tu recevais une invitation pour un concert, tu *(changer)* . . . . ton emploi du temps pour t'y rendre ?

d. Si nous arrivions à rentrer plus tôt, nous ne *(manquer)* . . . . pas cette soirée et tu *(pouvoir)* . . . . le retrouver.

e. Si elle confirme le rendez-vous, je *(se débrouiller)* . . . . pour être là.

4■ Donner ses conditions.

Ex. : Dans la vie conjugale.
        Nous** (avoir) **aurions plus d'argent si tu recommençais à travailler.

a. *En sport*
Nous *(gagner)* . . . . plus souvent au football si l'équipe s'entraînait davantage.

b. *En vacances*
Je *(faire)* . . . . plus de balades si mon ami était plus courageux.

c. *Au travail*
Elle *(avoir)* . . . . de meilleurs résultats si elle s'occupait mieux de ses clients.

d. *À l'université*
Il *(réussir)* . . . . mieux ses études s'il avait envie de progresser.

e. *Au spectacle*
Il *(préférer)* . . . . aller voir un film s'il avait le choix.

écrit

5 ■ Quelles sont, d'après vous, les cinq conditions d'un bon environnement dans une ville ?

. . . .

. . . .

. . . .

. . . .

. . . .

2 proposer – conseiller

vocabulaire

6 ■ À quels sentiments correspondent ces constatations ?

amitié – affection – indifférence – sympathie – haine

a.
JE N'ÉPROUVE AUCUN SENTIMENT POUR LUI.

b.
JE L'AIME BEAUCOUP MAIS JE NE SUIS PAS AMOUREUSE.

c.
C'EST UN GARÇON DRÔLE, CHARMANT, INTELLIGENT, IL EST TOUJOURS PRÊT À RENDRE SERVICE.

d.
ON SE TÉLÉPHONE SOUVENT MÊME SI ON NE SE VOIT PAS BEAUCOUP, IL CONNAÎT TOUS MES PETITS SECRETS, TOUTES MES AVENTURES AMOUREUSES.

e.
LE REVOIR ? JAMAIS. ET SURTOUT NE ME PARLEZ PLUS DE LUI !

indifférence. . . . . . .

. . . .

. . . .

. . . .

. . . .

7 ■ Associez.

a. rire : *joie,* . . . .

b. pleurs : . . . .

c. amitié : . . . .

d. amour : . . . .

e. haine : . . . .

larmes – sympathie – hostilité – gaieté – antipathie – affection – désir – attirance – tristesse

S'affirmer

grammaire

8■ Donner ou recevoir un conseil. Faites comme dans l'exemple.

Ex. : L'inviter plus souvent : **Si j'étais toi, je l'inviterais plus souvent / Tu devrais l'inviter plus souvent.**

a. Téléphoner tous les jours :

....

....

b. Aller voir plus souvent.

....

....

c. Écrire de temps en temps.

....

....

d. Inviter à dîner.

....

....

e. Proposer d'aller au spectacle.

....

....

9■ Proposer, donner des conseils : utilisez le conditionnel ou l'impératif.

Ex. : Conseil à un ami pour rester séduisant : faire du sport ; faire attention à ce qu'on mange.

→ **Fais du sport ! Tu devrais faire du sport et tu devrais faire attention à ce que tu manges !**

a. Conseil à une amie amoureuse : ne pas téléphoner tous les jours ; faire des propositions surprenantes.

→ ....

....

b. Proposition à un collègue de travail pour rencontrer des gens : sortir plus souvent ; s'inscrire dans un club de sport ; travailler pour une association humanitaire.

→ ....

....

c. Proposition générale pour mieux se connaître : s'écrire ; partir en week-end ensemble ; comparer ses goûts.

→ ....

....

d. Conseil pour cacher une émotion : répondre avec humour ; changer de sujet de conversation.

→ ....

....

écrit

10■ Vous venez de lire dans l'exercice 9 une série de conseils : discutez-les ; donnez votre point de vue.

....

....

....

....

....

3 parler des qualités et des défauts

vocabulaire

11 ■ Utilisez les mots de la liste pour dire que vous n'êtes pas d'accord.

*Ex. : aimer / **détester.***

À propos d'un spectacle :

a. L'histoire est ennuyeuse / . . . .

b. Le sujet est très proche de nos préoccupations / . . . .

c. Les personnages sont attachants / . . . .

d. Les acteurs jouent bien / . . . .

e. Les décors sont beaux / . . . .

laid – mal – passionant – sans intérêt – loin ou éloigné

12 ■ Comment tu le trouves ? Mariez les contraires.

Ex. : drôle et sérieux.

a. . . . . et triste
b. original et . . . .
c. égoïste et . . . .
d. . . . . et attentif
e. paresseux et . . . .
f. pessimiste et . . . .
g. . . . . et réaliste
h. stable et . . . .

banal – généreux – travailleur – changeant – joyeux – idéaliste – optimiste – indifférent

grammaire

13 ■ Caractériser en le disant autrement. Associez.

a. Il est curieux.   **1.** Elle ne pense qu'à elle.
b. Elle est attentive.   **2.** Elle donne des ordres.
c. Il est timide.   **3.** Il s'intéresse à tout.
d. Elle est égoïste.   **4.** Pour lui, il y a toujours des solutions.
e. Il est optimiste.   **5.** Il n'ose pas parler.
f. Elle est autoritaire.   **6.** Elle sait écouter.

14 ■ Présenter une personnalité. Transformez comme dans l'exemple.

Ex. : Gérard Depardieu est un acteur ; il peut tout jouer. → ***Gérard Depardieu est un acteur qui peut tout jouer.***

a. Amélie est une jeune fille solitaire ; elle travaille dans un café.
. . . .

b. Lance Armstrong est un coureur cycliste américain ; il a gagné plusieurs fois le Tour de France.
. . . .

c. Daniel Pennac est un romancier ; il écrit des romans très populaires.

....

....

d. Jean-Paul Gaultier est styliste ; il habille des stars comme Madonna.

....

....

....

e. Cheb Mami chante le raï ; le raï est devenu une musique très populaire.

....

....

écrit

15 ■ Faites le portrait d'une personnalité. Dites pourquoi cette personnalité est attachante.

....

....

....

....

....

4 faire une demande écrite

vocabulaire

16 ■ Dans quelles situations formule-t-on ces demandes ?

Ex. : Je souhaite travailler à la promotion de votre entreprise à l'étranger. → ***demande d'emploi.***

a. J'aimerais recevoir des informations touristiques sur votre région.

→ ....

b. Je souhaiterais connaître les conditions de vente de vos matériels informatiques

→ ....

c. Vous pourriez me faire une étude de la concurrence pour la semaine prochaine ?

→ ....

d. On connaît déjà les programmes des candidats ?

→ ....

e. Où pourrais-je trouver la référence de son livre ?

→ ....

17 ■ Reconnaissez ces types de demande. Aidez-vous de la liste suivante.

professionnelle – administrative – familière – commerciale – civile

a. Tu peux me prêter ta voiture la semaine prochaine ? ....

b. Je voudrais acheter ce lecteur de DVD, c'est combien ? ....

c. J'aimerais prendre deux jours de congé la semaine prochaine, c'est possible ? ....

d. Je souhaiterais recevoir des informations sur les nouvelles aides aux entreprises dans le cadre de la formation professionnelle. ....

e. Seriez-vous libre un soir de la semaine prochaine pour venir dîner à la maison ? ....

18 ■ Associez à chaque demande une des formules de politesse.

a. Je vous remercie de bien vouloir m'adresser votre nouveau catalogue de voyages.

....

b. Pourrais-tu m'apporter un choix de photos pour le catalogue ?

....

c. Il me serait agréable que vous restiez très attentif à cette question délicate.

....

d. Je vous serais reconnaissant de bien vouloir m'accorder l'autorisation de m'absenter quelques jours pour des raisons personnelles.

....

e. À la suite de ton amicale proposition, est-ce qu'on pourrait disposer de ton studio à Chamonix la dernière semaine de février ? D'avance, merci.

....

1. *Je vous prie d'agréer l'assurance de mes salutations distinguées.*
2. *Merci ! Salut.*
3. *Avec mes remerciements et mes salutations.*
4. *Bien amicalement.*
5. *Je vous prie de croire à l'expression de mes salutations les plus respectueuses.*

grammaire

19 ■ Formulez une demande en utilisant les expressions entre parenthèses.

Ex. : (vouloir savoir) ***Je voudrais savoir*** si vous seriez libre la semaine prochaine.

a. *(souhaiter obtenir)* Nous .... des renseignements sur les nouvelles normes de construction.
b. *(être intéressé)* Je .... par votre offre d'emploi parue dans *Le Provençal* « spécial offres d'emploi » de la semaine dernière.
c. *(pouvoir dire)* .... si la date du 15 vous convient pour le rendez-vous ?
d. *(être reconnaissant)* Je vous .... de bien vouloir accéder à ma demande.

écrit

20 ■ Vous écrivez une lettre pour justifier de la réponse tardive que vous faites à une demande de renseignements.

Déterminez la nature de la demande. Trouvez au moins quatre arguments de nature différente.

....
....
....
....

5 comprendre et raconter une anecdote

vocabulaire

21 ■ Ça se passe où ?

Ex. : **en** *Thaïlande,* **à** *Bangkok,* ***dans*** *une ville,*

a. .... Mexique   **c.** .... Paris
b. .... Italie   **d.** .... Buenos Aires

e.	. . . . pampa	**j.**	. . . . Brésil
f.	. . . . désert	**k.**	. . . . casbah
g.	. . . . France	**l.**	. . . . Grèce
h.	. . . . Mexico	**m.**	. . . . New York
i.	. . . . Rome	**n.**	. . . . banlieue

22■ Ça s'est passé quand ?

*Ex. : **en** 2002.*

a. . . . . semaine ou . . . . week-end ?

b. . . . . semaine du 20 au 27.

c. . . . . été ou . . . . automne ?

d. . . . . mois d'août ou . . . . octobre ?

e. . . . . soirée ou . . . . nuit ?

23■ Lisez les phrases suivantes. Retrouvez le type de récit.

Ex. : En 1980, Marguerite Yourcenar a été la première femme élue à l'Académie française. → ***biographie***

a. Les deux hommes se sont battus au couteau. → . . . .

b. Thierry Henry a marqué le premier but pour Arsenal à la 24ᵉ minute. → . . . .

c. Jules Verne est né à Nantes en 1828. → . . . .

d. Ah ! c'était le bon temps, on dansait toute la nuit. → . . . .

e. La première fois que je l'ai rencontrée, c'était au Conservatoire national d'art dramatique ; elle était déjà très douée.

→ . . . .

un reportage sportif – une biographie d'écrivain – un fait divers – un témoignage – un récit de souvenirs

24■ Qu'est-ce qui s'est passé ? Indiquez l'action.

Ex. : Il l'a séduite → ***la séduction.***

a. Elle l'a *abandonné* → . . . .

b. Ils ont *protesté* → . . . .

c. Le président a *condamné* ces actions → . . . .

d. Elles ont enfin *gagné* → . . . .

e. Tous les joueurs ont été *décorés* de la Légion d'honneur → . . . .

f. Il a été *nommé* directeur de l'Opéra → . . . .

g. Elle n'a été *libérée* que ce matin à 5 heures → . . . .

grammaire

25■ Répondez aux questions ; expliquez les faits. Utilisez « pour » ou « parce que ».

Ex. : Pourquoi l'a-t-elle abandonné ?
    *(trop voyager) – **Parce qu'il voyageait trop.***

a. Pourquoi les employés ont-ils protesté ?

(mentir) – . . . .

b. Pourquoi les policiers sont-ils intervenus ?

(ramener le calme) – . . . .

c. Pourquoi les joueurs ont-ils été décorés ?

(gagner) – . . . .

d. Pourquoi l'ont-ils finalement libéré ?

(obtenir des garanties) – . . . .

écrit

26 Certaines expériences actuelles semblent surprenantes comme celles du reportage sur Bangkok (p. 28 du livre de l'élève). Qu'en pensez-vous ? Citez-en d'autres qui vous séduiront ou qui vous choqueront.

....

....

....

....

....

6 améliorer son image

vocabulaire

27 Compliment ou critique ? Lisez et répondez.

	compliment	critique
a. Il est mal rasé.	☐	☐
b. Elle est trop bronzée.	☐	☐
c. Il a déjà des rides.	☐	☐
d. Il est vraiment trop maigre.	☐	☐
e. Elle a une peau magnifique.	☐	☐
f. Il est déjà chauve.	☐	☐
g. Elle a su garder la ligne.	☐	☐
h. Il soigne son image.	☐	☐
i. Il est trop gros.	☐	☐
j. Elle a un teint éclatant.	☐	☐

28 Caractériser les personnes. Trouvez le contraire.

*Ex. : autonome ≠ **dépendant**.*

a. dynamique ≠ ....

b. mobile ≠ ....

c. naturel ≠ ....

d. ouvert ≠ ....

e. simple ≠ ....

f. créatif ≠ ....

sédentaire – replié – compliqué – sophistiqué – sans imagination – mou

29 Trouvez un synonyme.

*Ex. : autonome = **indépendant**.*

a. créatif = ...

b. actif = ...

c. ouvert = ...

d. passionné = ...

S'affirmer

30 ■ Se prendre pour quelqu'un d'autre. Construisez les expressions à l'aide des mots de la liste suivante.

se prendre – ressembler – se croire – se donner l'allure de… – avoir un look d'…

Il a l'air d'un clown.

a. .... d'un jeune cadre dynamique.

b. .... beau.

c. .... pour Antonio Banderas.

d. .... à un ours.

e. .... d'enfer.

grammaire

31 ■ Portrait idéal...

a. Moi **j'aimerais** être **plus** grande et je (*vouloir*) .... avoir les cheveux blonds.
b. Moi je (*se trouver*) .... maigre et j'(*aimer*) .... être .... musclé.
c. Pourquoi je ne (*ressembler*) .... pas à Pénélope Cruz ?
d. Tu as vu, on (*dire*) .... un clone de Leonardo di Caprio ! De quoi il (*avoir l'air*) .... !
e. J'(*aimer*) .... beaucoup avoir ton look ; j'(*aimer*) .... beaucoup te ressembler ;
tu (*pouvoir*) .... me conseiller ?

écrit

32 ■ Laurence Ferrari est une animatrice de télévision. Voici ce qu'elle dit à propos de l'importance du look dans une carrière. Lisez son témoignage puis discutez-le.

> **Être jolie, est-ce un atout pour votre carrière ?**
>
> **L.F. :** Je ne pense pas, ce qui importe, c'est ce que l'on est à l'intérieur. J'essaie d'être le plus naturelle, le plus simple possible. Je n'ai jamais cherché à me fabriquer une personnalité : je suis à la télé comme dans la vie. Rien ni personne ne m'incite à choisir mes tenues vestimentaires ou mon look. Je crois que les spectateurs apprécient davantage la sincérité qu'un joli minois.

....
....
....
....
....

1 exprimer la volonté, la nécessité

vocabulaire

1■ Éliminez l'intrus.

Ex. : ~~maintenir~~, supprimer, faire disparaître.

a. utile, rentable, pratique
b. protester, manifester, obtenir
c. pollué, sale, bizarre
d. une pétition, une apparition, une argumentation
e. cher, superbe, magnifique

grammaire

2■ C'est un ordre. Écrivez le texte au subjonctif.

Rémi, faisons le point sur le projet ; organise une réunion préparatoire. Tu dois convaincre nos partenaires : pour cela, obtiens leurs arguments. Note aussi nos points faibles, inscris nos points forts et travaille notre image.

*Rémi, il faut que nous **fassions** ....*

...

3■ Les bonnes résolutions. Conjuguez les verbes.

Pour cette nouvelle année,
a. J'aimerais que tu (*venir*) .... plus souvent aux réunions.
b. Je voudrais que vous (*réussir*) .... à mener à bien le projet.
c. Il faut que nous (*prendre*) .... les bonnes décisions.
d. J'exige pour cela que vous (*faire attention*) .... à votre travail.
e. Je veux enfin que l'on (*se voir*) .... plus régulièrement.

4■ Indicatif ou subjonctif ? Complétez.

Ex. : Elle le fait.
→ ***Je veux qu'elle le fasse.***
→ ***On m'a dit qu'elle le fera.***

a. Ils marquent un but.
→ J'exige que ....
→ J'espère que ....
b. On ne le permet pas.
→ Je voudrais qu'on ....
→ Je sais qu'on ....
c. Ils reçoivent le prix.
→ Il faut qu'ils ....
→ Je crois qu'ils ....
d. Il choisit bien son équipe et il obtient de bons résultats.
→ J'ai envie qu'il .... et qu'il ....
→ Je pense qu'il .... et qu'il ....

5■ Exprimer une nécessité : utilisez le subjonctif.

Ex. : – Tu veux qu'on aille au cinéma ?
*   – Non, il faut que je (finir) **finisse** mon travail.*

a. Tu aimerais qu'on prenne rendez-vous ?

– Non, il faut d'abord que j'y (*voir*) .... plus clair dans mon travail

b. Tu voudrais qu'on fasse le point sur le projet ?

– Oui, mais pas aujourd'hui, il faut que je (*recevoir*) .... nos associés.

c. On peut encore modifier quelque chose.

– Oui, mais il faut que l'on *(faire)* .... vite.

d. Tu peux l'envoyer quand ?

– Il faut qu'il *(arriver)* .... lundi au plus tard.

e. Est-ce que tu veux que je le relise ?

– Oui, mais il faut que l'on *(savoir)* .... si tout est complet.

écrit

6■ À partir de la situation décrite ci-dessous, trouvez les arguments puis rédigez la pétition à remettre au maire du XVIIᵉ arrondissement.

« Quartier de la Jonquière : un jardin attendu par les habitants du quartier. Situé à proximité des terrains qui se trouvent le long de l'ancienne voie ferrée de la " petite ceinture " entre les rues Pouchet et de la Jonquière, dans le quartier dit des Épinettes, une partie de la rue Ernest-Roche s'est progressivement transformée en terrain vague. Les riverains ont formé une association qui a remis à la mairie du XVIIᵉ une pétition qui réunit plus de 200 signatures et qui demande l'entretien et l'aménagement du site. La réalisation d'un nouveau jardin, dans ce secteur qui n'en a pas, ne pourra qu'améliorer le cadre de vie et l'environnement des habitants. »

....
....
....
....
....

2 exprimer un manque

vocabulaire

7■ Le manque et l'abondance. Classez les mots suivants dans la bonne catégorie.

la pauvreté – l'absence – le vide – la fortune – le plein – la suppression – rarement – rien – la possession – pas – beaucoup de – trop – tout – la disparition – la quantité – peu

Le manque : ***la pauvreté.*** ....

L'abondance : ....

grammaire

8■ « en » ou « y ». Complétez.

*Ex. : Votre signature, nous **en** avons besoin.*
  *Le bruit, je m'**y** habituerai.*

a. Le projet, n' .... parlons plus.

b. La ligne des Cévennes, n' .... pensons plus.

c. Les camions, personne n' .... veut.

d. La pétition, ils s' .... souviendront.

e. Le paysage, n' .... touchons pas.

9 ■ **« En », « y », « le », « la », « les » : dites ce qu'ils représentent.**

Ex. : – Vous connaissez le bar La Belle Étoile ?

*– Pourquoi, vous **y** êtes déjà allée ? **y** → La Belle Étoile*

– Non, moi jamais, mais les enfants en parlent souvent.

en → ....

– Ce n'est pas un lieu dangereux ?

– Non, tous leurs copains s'y retrouvent.

y → ....

– Et il est célèbre pour ses DJ ; il en vient de partout. Comme ils adorent la musique techno…

en → ....

– Comment ils peuvent aimer ça ? Ça ne les rend pas sourds ? Ils l'écoutent aussi à la maison ?

les → .... ; **l'** → ....

– Oui, ils écoutent Air, Daft Punk et les autres.

– Vous les connaissez aussi ? Vous vous y intéressez aussi ?

les → .... ;

y → ....

– Oui, bien sûr, c'est la musique que mes enfants écoutent, je veux pouvoir en parler avec eux.

en → ....

10 ■ **OUI ou NON ? Complétez les réponses.**

Ex. : – Ex : Il y a un train entre Langogne et La Bastide ?

*– Oui, il y **en** a un.*

a. Tu as choisi un restaurant ?

– Oui, ...

b. Vous manquez d'informations ?

– Non, ...

c. Elle a conservé des articles pour le prochain numéro ?

– Non, ...

d. Tu es passé au service de presse de l'éditeur ?

– Oui, ...

e. Tu as suggéré des changements ?

– Non, ...

écrit

11 ■ **« Donner à ceux qui n'ont rien ; prendre un peu à ceux qui ont tout. » Dites si vous êtes d'accord avec cette morale sociale et pourquoi.**

....

....

....

....

....

....

3 exprimer des souhaits

vocabulaire

12■ Associez les mots de même sens.

Ex. : les particularismes : **les différences.**
les traditions

a. Autonome   indépendant
                  isolé

b. Étranger   international
                  autre

c. Efficace   méthodique
                  discret

d. Relier   réunir
                  rassembler

e. Supprimer   séparer
                  faire disparaître

13■ Trouvez le sens contraire.

Ex. : région ≠ **nation**

a. séparé ≠ ....

b. différence ≠ ....

c. autonome ≠ ....

d. national ≠ ....

e. indépendant ≠ ....

grammaire

14■ Exprimer un souhait.

Ex. : Je ne voudrais pas que la culture bretonne **disparaisse**.

a. Je souhaiterais qu'on *(faire)* .... plus attention aux ressemblances qu'aux différences.

b. J'aimerais qu'ils se *(réunir)* .... plus souvent pour travailler ensemble.

c. Je voudrais que tu *(venir)* .... rencontrer les nouveaux clients avec moi.

d. Je souhaite qu'elle *(obtenir)* .... le poste qu'on lui a promis.

e. J'aimerais qu'on *(se souvenir)* .... des traditions et que les jeunes les *(célébrer)* ....

15■ « Je voudrais que... ». Dites à votre ami(e) ce que vous souhaitez qu'il (elle) fasse.

Ex. : Venir à la campagne ce week-end. → *Je voudrais que tu viennes à la campagne ce week-end.*

a. réunir nos meilleurs amis.

→ ....

b. faire plus de sport.

→ ....

c. aller plus souvent au cinéma.

→ ....

d. maintenir le rendez-vous de samedi.

→ ....

e. s'intéresser plus à moi.

→ ....

f. prendre un peu de temps pour s'occuper d'elle.

→ ....

16■ Souhaiter/espérer. Complétez.

*Ex. : Je souhaite que nous (garder) **gardions** nos traditions.*

a. Je souhaite que nous (conserver) .... nos particularités..

b. J'espère que nous ne (détruire) .... pas notre unité.

c. Je souhaite que nous (célébrer) .... davantage nos valeurs.

d. J'espère que nous (savoir) .... faire entendre nos différences.

e. Je souhaite que nous (prendre) .... en compte davantage les réalités régionales.

écrit

17■ Unité nationale ou autonomie régionale ? Faites deux colonnes et trouvez cinq arguments qui justifient chacun des choix.

....	....
....	....
....	....
....	....
....	....

4 parler de l'environnement

vocabulaire

18■ Du verbe au nom. Trouvez l'action qui correspond au verbe.

*Ex. : protéger : **protection.***

a. opposer : ....

b. menacer : ....

c. créer : ....

d. pratiquer : ....

e. exploiter : ....

f. interdire : ....

g. développer : ....

h. risquer : ....

i. limiter : ....

19■ Passer à l'action : de l'adjectif à l'adverbe. Faites comme dans l'exemple.

*Ex. : vif : dénoncer **vivement.***

a. fort : appuyer ....

b. dangereux : polluer ....

c. bruyant : manifester ....

d. large : interdire ....

e. énergique : protester ....

f. définitif : disparaître ....

g. exact : connaître ....

h. rapide : agir ....

i. obligatoire : déclarer ....

20 ■ **Des expressions qui font image... Complétez les expressions suivantes en vous aidant des mots de la liste.**

*Ex. : Johnny met **le feu** au parc.*

un ouragan – un tremblement de terre – la pollution – la pluie – une avalanche

a. L'annonce de la nouvelle a fait l'effet d' . . . .

b. Elle est entrée comme un . . . .

c. La décision a déclenché une . . . . de protestations.

d. La . . . . sonore a atteint un niveau insupportable.

e. Ne l'invitez pas, il est ennuyeux comme . . . .

grammaire

21 ■ **Cherchez les explications dans les deux articles de journaux des pages 40-41 du livre de l'élève.**

*Ex. : Pourquoi le projet rencontre de nombreuses oppositions ? **Parce qu'il menace la forêt.***

a. Pourquoi les habitants sont contre la circulation des camions dans le tunnel ?

  – . . . .

b. Pour quelles raisons le gouvernement français souhaite créer un parc national en Guyane ?

  – . . . .

c. Pourquoi les Indiens ont-ils peur de ce projet ?

  – . . . .

d. Pourquoi les industriels sont-ils contre la création de ce parc ?

  – . . . .

Défendre une idée

23■ Faire des propositions.

*Ex. : J'espère qu'on **réduira** la pollution.*

a. Je souhaite qu'on (*accroître*) .... les moyens pour la défense de l'environnement.
b. Je souhaiterais qu'on (*augmenter*) .... les taxes sur les produits qui polluent.
c. J'espère qu'on (*réglementer*) .... encore plus la circulation maritime.
d. J'aimerais qu'on (*interdire*) .... totalement la circulation dans le centre des villes.
e. J'espère qu'on (*supprimer*) .... les usines dangereuses dans les zones d'habitation.

écrit

23■ À partir d'un des deux textes de la page 40 du livre de l'élève, rédigez un tract présentant les arguments pour la création d'un parc ou contre la réouverture aux camions du tunnel du Mont-Blanc.

....
....
....
....
....

5 parler des animaux

vocabulaire

24■ Éliminez l'intrus.

Ex. : apprivoiser, dresser, ~~chasser~~, élever.

a. le lion, le tigre, le chat, l'éléphant
b. pêcher, chasser, élever, tuer

c. la poule, le coq, le lapin, le poulet
d. le braconnage, la destruction, l'exploitation, l'élevage

25■ Des images animalières. Associez.

Il a mauvais caractère – Il dit des choses méchantes – Il n'oublie rien – Il ne fait pas beau – Il est gentil.

a. Il fait un temps de chien.

b. Elle a un caractère de cochon.

c. Il a une langue de vipère.

→ ....

→ ....

→ ....

d. Il a une mémoire d'éléphant.

e. Il est doux comme un agneau.

→ ....

→ ....

26■ Faites des comparaisons.

Ex. : Il avance lentement. → *Il avance comme **un escargot.***

a. Il est très rusé. → Il est rusé comme ....

b. Il est très lent. → Il est lent comme ....

c. Il ne mange pas proprement. → Il mange comme ....

d. Il est très malin. → Il est malin comme ....

e. Il est l'aise en société. → Il est comme ....

une tortue – un renard – un cochon – un poisson dans l'eau – un singe

grammaire

27■ Rapporter des paroles. Placez correctement et conjuguez les verbes qui suivent pour assurer une cohérence à ce texte rapporté.

préciser – résumer – ajouter – affirmer – remarquer

a. Nous saurons protéger les espèces menacées, ***affirme*** le responsable de la réserve.

b. On tue quand même encore beaucoup d'espèces protégées, ··············· le représentant du WWF.

c. Certes, mais beaucoup moins qu'il y a dix ans ; il y a dix ans, on tuait 5 % des espèces, aujourd'hui on a ramené le droit de tuer à 0,75 %, ··············· le directeur du programme.

d. Et puis, ···············, tous les animaux tués sont payés par les chasseurs pour être remplacés.

e. Pour ···············, nous avons pu, grâce à ces recettes, construire une clinique, ouvrir une école, et embaucher douze à quinze personnes.

écrit

28■ Arrêtez le massacre des espèces protégées ! Vous écrivez une lettre de soutien à l'association de protection de ces espèces. Vous dites pourquoi vous vous engagez.

....

....

....

....

....

6 parler d'une catastrophe

vocabulaire

29■ Rapprochez les mots de la liste suivante et leur signification.

amplifier – bloquer – la désolation – un foyer – résister – les dégâts – une victime – abattre

a. ne pas se casser, ne pas être détruit : ***résister.***

b. faire tomber : ....

c. celui qui subit : ....

d. augmenter : ....

e. ce que l'on voit après la destruction : ....

f. lieu où habite la famille : ....

g. ce qui a été détruit : ....

h. ne pas permettre le passage : ....

Défendre une idée

30 ■ Des adjectifs aux noms.

*Ex. : rapide : **rapidité.***

a. catastrophique : . . . .   **d.** grave : . . . .

b. violent : . . . .   **e.** désolé : . . . .

c. fort : . . . .   **f.** détruit : . . . .

31 ■ Relisez le texte page 44 du livre de l'élève. Mettez ensemble tous les mots et expressions qui ont un rapport avec le mot « catastrophe. »

Catastrophe : ***cataclysme,*** . . . .

. . . .

grammaire

32 ■ Voici le récit d'une autre catastrophe. Mettez les verbes aux temps qui conviennent.

Quinze mille pompiers *(combattre)* **combattent** l'incendie qui *(détruire)* . . . . la région de Sydney en Australie. Les pompiers *(profiter)* . . . . d'une petite baisse d'intensité des vents pour se reposer. La météo qui est annoncée dans les prochains jours *(être)* . . . . catastrophique. Ils *(devoir)* . . . . affronter des vents encore plus violents et des chaleurs encore plus fortes.

Plus de 11 000 maisons *(sauver)* . . . . et 150 seulement *(détruire)* . . . . On ne *(compter)* . . . . aucune victime. Cependant, des milliers de personnes *(évacuer)*

. . . .

33 ■ Faites des hypothèses.

*Ex : L'incendie **pourrait** atteindre la ville demain.*

a. Les vents *(devoir)* . . . . faiblir dans les prochains jours.

b. Le nombre des victimes *(s'élever)* . . . . à un millier.

c. Les espèces animales *(pouvoir)* . . . . disparaître.

d. Des arbres *(bloquer)* . . . . les principaux accès de la ville.

e. Si l'eau baissait, les écoles *(ouvrir)* . . . . de nouveau la semaine prochaine.

écrit

34 ■ « Venez nous rejoindre ! »

Vous écrivez un appel pour aider à sauver les forêts qui ont subi les dégâts de la tempête. Trouvez les arguments convaincants.

. . . .

. . . .

. . . .

. . . .

. . . .

. . . .

1 présenter une information

vocabulaire

1 ■ Transformez les verbes en noms.

*Ex. : élire : **l'élection***

a. assassiner : ....

b. bouleverser : ....

c. déclarer : ....

d. détruire : ....

e. conserver : ....

f. témoigner : ....

g. signer : ....

h. prévoir : ....

i. marcher : ....

j. vaincre : ....

k. intéresser : ....

l. inaugurer : ....

2 ■ Faites des titres en remplaçant les verbes par des noms.

*Ex. : François Mitterrand **a été élu** président de la République. →*
   ***Élection** de François Mitterrand à la présidence de la République.*

a. À minuit, 300 millions d'Européens **sont passés** à l'euro.

→ ....

b. 50 personnes **sont mortes** dans des accidents sur les routes du week-end.

→ ....

c. La chasse **a été interdite** à cause du froid.

→ ....

d. Notre modèle de développement **est mis en cause** par la pollution.

→ ....

e. Des milliers d'hectares **détruits** par le feu.

→ ....

3 ■ Trouvez des expressions en associant les éléments de chaque colonne.

a. Déclarer

b. Signer

c. Marcher

d. Battre

e. Inaugurer

1. un chèque en blanc.

2. les chrysanthèmes.

3. en retraite.

4. sur la tête.

5. sa flamme.

grammaire

4 ■ Qui fait quoi ? Transformez.

*Ex. : Cette élection me bouleverse. → **J'ai été bouleversé(e) par cette élection.***

a. Le directeur dirige l'entreprise.

→ ....

b. Le directeur commercial analyse la concurrence.

→ ....

c. Les ingénieurs élaborent les plans.

→ ....

d. Les techniciens étudient les différentes solutions techniques.

→ ....

e. Le directeur de la communication élabore la stratégie et le matériel de promotion.

→ ....

f. Les commerciaux présentent les nouveaux produits aux distributeurs.

→ ....

g. Les distributeurs testent les nouveaux produits auprès des responsables de magasins.

→ ....

h. Les distributeurs informent l'entreprise des réactions des responsables de magasins.

→ ....

i. Les clients assurent le succès ou l'échec des nouveaux produits.

→ ....

5■ Inquiétudes... Accordez.

Ex. : Pierre et Marie ont été **invités** *par Rémy.* → *Rémy* **les** *a* **invités**.

a. Les cartes d'invitation ont été *(envoyer)* ....?
– Oui, je les ai *(mettre à la poste)* .... hier soir.

b. Toutes les adresses ont bien été *(vérifier)* ....?
– Oui, je les ai toutes *(revoir)* ....

c. La liste a été *(refaire)* .... par qui ?
– Je l'ai *(mettre au point)* .... moi-même.

d. Les commerciaux ont aussi *(donner)* .... leurs listes ?
– Oui, il les ont *(adresser)* .... par mél.

e. Aucune adresse ne s'est *(perdre)* ....?
– Non, on les a toutes *(recevoir)* .... La vérification a été *(réaliser)* .... par mes soins.

écrit

6■ Vous êtes choqué(e) par le compte rendu que le journal a fait d'un événement local.

Vous écrivez au courrier des lecteurs ; vous dites votre étonnement et vous donnez vos arguments.

....

....

....

....

....

....

2 exprimer la possibilité, la probabilité

vocabulaire

7■ Attention aux apparences ! Ces noms peuvent avoir ou la même orthographe ou la même prononciation et signifier des choses différentes. Retrouvez leur sens en vous aidant d'un dictionnaire si nécessaire.

a. poste et poste : ....

b. capitale et capital : ....

c. tente et tante : ....

d. père et paire : ....

e. bal et balle : ....

f. dessin et dessein : ....

grammaire

8■ C'est possible mais ce n'est pas certain. Complétez.

a. *C'est elle ou ce n'est pas elle ?*
– On dirait l'actrice qui joue dans cette pièce que nous avons beaucoup aimée.
– Tu crois vraiment ? Il ne me semble pas que ce *(être)* .... elle.
– Pourtant j'ai vraiment l'impression que c'*(être)* .... elle.
– En tout cas, elle n'a plus vingt ans.

b. *Accident ou pas ?*
– Qu'est-ce que tu en penses ?
– Il se peut que ce *(être)* .... un accident.
– Mais il est possible que ce *(être)* .... un attentat.
– En tout cas, il y a maintenant de gros risques de pollution.

c. *Réagir ou pas ?*
– Il est probable que la décision se *(prendre)* .... la semaine prochaine.
– Mais on ne peut pas laisser faire ça !
– Il est peu probable que les autorités nous *(recevoir)* ....
– Tu n'as vraiment pas l'impression qu'on *(pouvoir faire)* .... bouger les choses ?

9■ Utilisez une expression équivalente pour mettre en valeur vos opinions.

Ex. : Cette information est fausse. C'est possible.
  → ***Il est possible que cette information soit fausse.***

a. Il devrait signer demain. C'est probable.

→ ....

b. Ils pourraient choisir leur partenaire assez rapidement. C'est possible.

→ ....

c. C'est dommage, il devrait faire équipe avec toi. Ce serait mieux pour tout le monde.

→ ....

d. Il devrait obtenir une réponse la semaine prochaine. C'est indispensable.

→ ....

e. Il doit suivre davantage ce dossier. C'est absolument nécessaire.

→ ....

10■ Donnez votre opinion à un(e) collègue ou à un(e) ami(e). Utilisez dans chaque cas l'une ou l'autre des expressions proposées. (Attention aux temps des verbes.)

Ex. : venir plus tard → ***Il est possible qu'il vienne plus tard.***

Il est possible que... – il est probable que... – il n'est pas impossible que... – il est peu probable...
– il est dommage...

a. commencer plus tôt

→ ....

b. faire partie de l'équipe

→ ....

c. embaucher après les fêtes

→ ....

d. facturer l'ensemble

→ ....

e. se passer de ses services

→ ....

écrit

11 ■ Qu'est-ce qui a pu se passer ? Imaginez une situation d'incertitude et faites ensuite la liste des hypothèses qui prennent en compte ce qui est possible, impossible, probable, improbable.

....

....

....

....

....

3 raconter des faits mystérieux

vocabulaire

12 ■ Caractériser. Rattachez ces adjectifs à une ou plusieurs catégories.

utile – fidèle – étrange – méthodique – ancien – sauvage – curieux – diplômé – exotique – rare – attachant – mystérieux – riche – discret – bon marché – poétique – jaloux – fragile – émouvant

Objet : **utile,** ....

Animal : ....

Personnage : ....

Personne : ....

Lieu : ....

grammaire

13 ■ Comparez ces deux biographies. Utilisez les comparatifs « plus que », « moins que », « aussi que ».

*Ex. : Tanguy, qui a 27 ans, va entrer dans la vie professionnelle **plus** tard **que** Frank qui est devenu ingénieur à 23 ans.*

Tanguy : 27 ans ; étudiant ; habite chez ses parents ; dépend de l'aide financière des parents ; squash, canyoning, night-clubing ; amours vagabondes ; ne sait pas encore très bien ce qu'il veut faire.

Frank : 28 ans ; ingénieur à 23 ans ; premier studio à 19 ans ; indépendant financièrement à 23 ans ; tennis, natation, cinéma ; marié à 25 ans, 2 enfants ; travaille dans une entreprise publique.

a. Qui est le plus sûr de sa situation professionnelle ? : ....

....

b. Qui est le moins indépendant ? : ....

....

c. Qui a les loisirs les plus sportifs ? : ....

....

d. Comparez l'avenir de Tanguy et de Frank. : ....

....

14■ Faire des suppositions. Utilisez le conditionnel.

*Ex. : Un tigre **s'attaquerait** aussi bien aux hommes qu'aux femmes.*

a. L'enquête *(se préciser)* ....

b. Une pétition *(obtenir)* .... de nombreuses signatures.

c. Les obstacles *(tomber)* .... les uns après les autres.

d. Le projet *(avancer)* .... assez rapidement.

e. L'environnement *(se dégrader)* .... plus vite que prévu.

f. La pollution *(gagner)* .... du terrain.

15■ Faites correspondre les répliques et les actes de parole qu'elles illustrent.

Ex. : Ça, c'est sûr, elle était plus grande qu'un loup ! → **affirmation.**

a. Mais non ! elle ne ressemblait pas à un tigre mais à un ours.

→ ....

b. Et si ce n'était pas un animal mais un homme déguisé en animal...

→ ....

c. ...pas un homme déguisé, mais une créature du Diable !

→ ....

d. Et pourquoi les scientifiques n'ont-ils pas eu le droit d'examiner la bête ?

→ ....

e. Cette affaire n'est pas aussi claire : on a l'impression que derrière la bête il pourrait y avoir une société secrète.

→ ....

interrogation – hypothèse – contradiction – soupçon – objection.

écrit

16■ Croyez-vous ou non aux phénomènes inexpliqués ? Dites pourquoi.

....

....

....

....

....

4 présenter les circonstances d'un événement

vocabulaire

17■ Reprenez les leçons indiquées ci-dessous et identifiez pour chacune des situations :

	a. Unité 1 - leçon 6	**b.** Unité 2 - leçon 5	**c.** Unité 3 - leçon 1	**d.** Unité 3 - leçon 4
les personnages	....	....	....	....
	....	....	....	....
le lieu	....	....	....	....
	....	....	....	....

Découvrir la vérité

	a. Unité 1 - leçon 6	**b.** Unité 2 - leçon 5	**c.** Unité 3 - leçon 1	**d.** Unité 3 - leçon 4
le moment	**vocabulaire** ······	·················	·················	·················
	·················	·················	·················	·················
l'action	·················	·················	·················	·················
	·················	·················	·················	·················

grammaire

18 ■ **Raconter. Complétez le récit avec les verbes ci-dessous :**

renvoyer – retrouver – constater – emprunter – indiquer – rester – soupçonner

a. Dans la nuit du 24 septembre, on **a constaté** la disparition d'une importante pièce archéologique.

b. Le directeur des fouilles a ····················· que ses soupçons portent sur un étudiant qui a été

················· et qui n'est ················· que quinze jours sur le chantier.

c. L'étudiant est ················· par le directeur et son assistante de ne pas être très honnête.

d. En effet, des pièces archéologiques ont déjà été ················· dans sa chambre. Il disait les avoir

················· pour les photographier.

19 ■ **Interroger. Voici les réponses à un interrogatoire. Écrivez les questions. Utilisez « qu'est-ce que »,
« où, « comment », « pour quelles raisons », « quand », « est-ce que ».**

a. ···?

– L'agression a eu lieu ce samedi vers 2 heures du matin.

b. ···?

– Elle s'est passée près de Rognac, dans le département des Bouches-du-Rhône, sur l'autoroute A7.

c. ···?

– L'agression a eu lieu à la suite d'une course-poursuite entre la voiture de police et la voiture volée.

d. ···?

– Les policiers avaient repéré sur l'autoroute une voiture signalée volée vers 2 heures du matin ; ils l'ont alors poursuivie.

e. ···?

– Les policiers ont été bloqués par une deuxième voiture qui les suivait et qui a provoqué volontairement un accident.

f. ···?

– Oui, un policier a été blessé.

écrit

20 ■ **Avec les agressions qui se multiplient, on parle beaucoup aujourd'hui de « tolérance zéro »
pour les agresseurs. Qu'en pensez-vous ?**

···

···

···

···

···

···

···

5 commenter des opinions – exprimer une quantité indéfinie

vocabulaire

21■ Comment caractériseriez-vous les comportements suivants ?

*Ex. : Il ne dit pas la vérité à ses clients sur la qualité de ses produits : il est **menteur**.*

a. Il rend ce qu'il a emprunté : il est ....

b. Il soupçonne toujours sa femme : il est ....

c. Elle parle très peu d'elle-même et de sa vie privée : elle est ....

d. Il fait toujours des petits cadeaux sans raison : il est ....

e. Il pense avant d'agir : il est ....

22■ Il y a des adjectifs qui sont inséparables de certains noms ; ils forment comme des noms. Retrouvez-les.

quotidien − secret − petit − public − privé.

a. un jardin **secret**.

b. la vie ....

c. les .... boulots.

d. le pain ....

e. un lieu ....

Associez les expressions ci-dessus avec les verbes suivants :

1. Elle cultive son **jardin secret** ....

2. Il trouve seulement des ....

3. Il fréquente des lieux ....

4. Il a bien gagné son ....

5. Il protège sa ....

grammaire

23■ Remplacez les mots en gras par : « la plupart », « plusieurs », « beaucoup », « quelques », « chacun ».

a. J'ai vu **presque** tous les films de Luc Besson.

....

b. Une dizaine de témoins ont été convoqués pour le procès.

....

c. Nous avons envoyé un exemplaire du livre à **tous** les journalistes.

....

d. Ils ont testé le produit sur **un petit nombre** de personnes.

....

e. De **nombreux** visiteurs ont profité des fêtes pour venir au salon.

....

24■ Complétez le dialogue.

a. Vous avez vu quelqu'un ?

– Non, ····························· (*personne*)

b. Vous avez reçu des coups de téléphone, alors ?

– Non, ····························· (*rien*)

c. Mais vous avez eu des messages ?

– Non, ····························· (*aucun*)

d. Et des visites ?

– Non, ····························· (*pas*)

e. Alors ils ont laissé quelque chose dans la boîte aux lettres ?

– Non, ····························· (*rien*)

f. Vous en êtes sûr ?

– Absolument.

g. Ah bon.

écrit

25■ Relisez le sondage page 56 du livre de l'élève. Que pensez-vous de la hiérarchie établie par les Français ? Donnez vos choix et justifiez-les.

....

....

....

....

....

6 comprendre et raconter un fait divers

vocabulaire

26■ Associez les actions et les auteurs de l'action.

Les malfaiteurs : ....

....

Les policiers : ....

....

ont organisé le hold up – ont identifié les coupables – cherchent l'arme du crime – ont été mis en prison – ont poursuivi les voleurs – ont tiré sur plusieurs personnes – ont retrouvé le corps de la victime – ont pénétré dans la banque à 14 heures – se sont enfuis avec le butin

27 ■ Éliminez l'intrus.

a. prison, cellule, commissariat
b. mis en prison, libéré, arrêté
c. blessé, tué, attaqué
d. volé, pris, donné
e. toucher, dévaster, détruire
f. enquêter, perdre de vue, rechercher

28 ■ Vous aimez les films policiers ? Essayez de retrouver les titres.

a. La dixième . . . .
b. Gendarmes et . . . .
c. . . . . était presque parfait.
d. Nous sommes tous des . . . .
e. Les . . . . aux mains sales.
f. . . . . en quatrième vitesse.
g. Le commissaire Maigret mène . . . .

voleurs − la victime − meurtre − assassins − innocents − crime − enquête

grammaire

29 ■ Un fait divers, ça se raconte.

Un coffre à bijoux **a été découvert** hier matin dans le parc. La découverte (*remonter*) . . . . à la veille au soir vers 22 heures. Le coffre qui (*trouver*) . . . . par un jardinier (*être*) . . . . posé sous un arbre.
Les policiers (*commencer*) . . . . immédiatement leur enquête. Ils (*penser*) . . . . tout de suite qu'il (*s'agir*) . . . . d'un riche voisin du parc qui (*connaître*) . . . . parfaitement les lieux.
C'est donc vers les riches habitants qui (*fréquenter*) . . . . le parc, que la police (*orienter*) . . . . ses recherches. « Nous (*être*) . . . . sûrs que le propriétaire est parmi nous », (*déclarer*) . . . . certains habitués.

30 Du fait divers au roman...

Antoine Berthet (*passer*) **a passé** quatre ans à faire des études religieuses à Grenoble. Il (*engager*) . . . . par M. Michaud comme enseignant particulier pour un de ses enfants. Il (*devenir*) . . . . l'amant de Mme Michaud et il (*renvoyer*) . . . .
Quatre ans plus tard, il (*tirer*) . . . . sur son ancienne maîtresse. Si Mme Michaud (*survivre*) . . . . à ses blessures, Antoine Berthet, lui, (*condamner*) . . . . à mort. Il (*exécuter*) . . . . en 1828.
Inspiré de ce fait divers, *Le Rouge et le Noir* de Stendhal (*paraître*) . . . . en 1830.

écrit

31 ■ Antoine Berthet, qui deviendra Julien Sorel dans *Le Rouge et le Noir*, est condamné à mort.

Que pensez-vous de l'application de la peine de mort ? Justifiez votre point de vue.

. . . .

Les épreuves orales de ces pages sont à faire en classe avec votre professeur : les documents sonores se trouvent dans les cassettes collectives de *Campus* et les séquences vidéo se trouvent sur la vidéo de *Campus*.

Compréhension de l'oral

1 **Regardez la vidéo et cochez la bonne réponse.** *(Unité 2, Motivations)*

a. La première femme recherche :

☐ La remise de formes. ☐ La remise en forme. ☐ La mise en forme.

b. L'homme vient au club parce qu'il :

☐ Bouge en permanence.

☐ A des problèmes de dos.

☐ Veut éviter d'avoir mal au dos.

c. La seconde femme voudrait :

☐ Trouver autre chose dans son travail. ☐ Se défouler. ☐ Se détendre.

d. Les trois personnes viennent au club pour :

☐ Les mêmes raisons. ☐ Des motifs différents. ☐ Entretenir leur forme.

2 **Écoutez le dialogue et répondez aux questions en cochant la bonne réponse et en complétant le tableau.** *(enregistrement, page 32, n° 5)*

a. La personne qui téléphone est :

☐ Un(e) touriste. ☐ Un(e) musicien(ne). ☐ Un(e) journaliste.

b. Cette personne téléphone pour :

☐ Réserver une place.

☐ Demander des renseignements.

☐ Demander une documentation.

c. Le festival se passe :

Dans quelle ville ?	....
À quel endroit ?	....
Pendant quel mois de l'année ?	....

d. L'employée va répondre au client :

☐ Par courriel. ☐ Par courrier. ☐ Par fax.

3 Écoutez cet extrait d'un bulletin d'information à la radio et complétez le tableau (il n'y a pas de réponses à tous les éléments). *(enregistrement, page 46, n° 5)*

	Événement	Lieu	Date /durée	Causes	Conséquences
Information n° 1	....	....	....	....	....
	....	....	....	....	....
Information n° 2	....	....	....	....	....
	....	....	....	....	....
Information n° 3	....	....	....	....	....
	....	....	....	....	....
Information n° 4	....	....	....	....	....
	....	....	....	....	....

Production orale

Étape 1

Présentez votre meilleur(e) ami(e).

Étape 2

À deux, choisissez un film et présentez-le.

Étape 3

Vous téléphonez au centre sportif de la ville où vous habitez.

Vous demandez des informations pour vous inscrire.

Vous voulez connaître les types d'activités proposées ainsi que les tarifs.

Vous demandez aussi où, quand et combien de fois par semaine elles ont lieu.

Compréhension des écrits

1 Lisez le document et répondez aux questions en cochant la bonne réponse.

NOUVEAUX FORFAITS TEXTO - MMS

Des Forfaits à tarif préférentiel :

- le Forfait 30 Texto à 3 € / mois
- le Forfait 60 Texto à 6 € / mois
- le Forfait 120 Texto à 12 € / mois
- le Forfait Méga Texto jusqu'à 250 texto pour 18 € / mois

1 MMS = 2 TEXTO

Promo Vacances

Jusqu'au 18 avril 2006 inclus, le premier mois, les Forfaits 60 Texto, 120 Texto sont à moitié prix et Méga Texto est à 14 € au lieu de 18 €.

a. Combien de forfaits sont proposés ? ....

b. Combien de temps la promo Vacances dure-t-elle ? ....

c. Avec le forfait à 3 €, il est possible d'envoyer :   □ 30 MMS.   □ 15 MMS.   □ 20 MMS.

d. Avec la promo Vacances, le forfait 120 Texto coûte :

       □ 6 €   □ 12 €   □ 10 €

2 **Lisez la recette et répondez aux questions.**

Tajine au poulet, aux amandes et aux pruneaux *(pour 6 personnes)*

Préparation : 30 minutes

Cuisson à feu doux, 45 minutes

Ingrédients : un poulet découpé, 500 g de pruneaux d'Agen, 200 g d'amandes, 1 cuillerée à soupe de graines de sésame, 1 pincée de safran, 75 g de beurre, 4 cuillerées à soupe de miel

Faites dorer les morceaux de poulet avec le beurre dans une cocotte. Versez deux verres d'eau puis mettez les pruneaux. Laissez cuire 30 minutes. Ensuite, ajoutez le miel, les amandes grillées et les graines de sésame dorées. Laissez sur le feu 15 minutes pour obtenir une sauce onctueuse. Servez dans un plat à tajine.

a. En combien de temps cette recette se prépare-t-elle ? ....

b. On met le poulet entier dans la cocotte.

       □ Vrai.   □ Faux.   □ On ne sait pas.

c. Les amandes et les pruneaux sont mis en même temps.

       □ Vrai.   □ Faux.   □ On ne sait pas.

d. Pour commencer la recette, on met les amandes et le miel.

       □ Vrai.   □ Faux.   □ On ne sait pas.

e. On change de plat pour servir.

       □ Vrai.   □ Faux.   □ On ne sait pas.

3 **Retrouvez le titre correspondant à chaque article.**

a. 11 000 parfums Chanel contrefaits ont été saisis la semaine dernière à Aubervilliers. La police a interpellé 3 ressortissants chinois. Le préjudice est estimé à plus d'un million d'euros.

b. Plusieurs couples sans enfants soupçonnés d'avoir acheté des bébés bulgares ont été arrêtés hier, en France. Ces bébés âgés aujourd'hui de 18 mois ont tous été retrouvés en bonne santé.

c. Les liaisons entre les deux villes vont être plus rapides à partir du 3 novembre. Une liaison aérienne va être mise en place, le jeudi dans un premier temps. Elle mettra 30 minutes pour les relier.

d. Le département de L'Aisne vient de lancer une vaste campagne de communication : « L'Aisne, it's open ». Pendant un mois, les publicités joueront avec l'anglais pour animer les métros parisiens et la presse.

e. Les parents ont présenté à la presse leur premier enfant, un garçon de 51 cm et de 3,5 kg dont on ne connaît toujours pas le prénom. L'événement a été retransmis en direct à la télévision.

Chanel : Filière chinoise   . . . .

Trafic de bébés   . . . .

Un futur roi est né   . . . .

Nevers-Dijon par les airs   . . . .

In English   . . . .

Production écrite

1 Vous êtes à Chartres pour le week-end. Vous écrivez une carte postale à votre famille et vous lui expliquez ce que l'on peut voir et faire dans cette ville.

Votre carte comportera entre 60 à 80 mots.

2 Votre ami Paul vient d'emménager dans un studio à Chartres pour ses études. Il vous invite à passer une semaine de vacances à Noël avec lui.
Vous répondez à son invitation, mais vous refusez car à cette période vous partez faire du ski avec votre famille à Chamonix. Votre lettre comportera entre 60 et 80 mots.

1 choisir

vocabulaire

1 ■ Caractériser de manière cohérente. Éliminez l'intrus.

a. Voilà un tableau original, réfléchi, de collection, rare.

b. C'est une peinture abstraite, figurative, curieuse, réaliste.

c. J'aime ce marchand de tableaux : il est indépendant, exigeant, autoritaire, méthodique.

d. Vous le connaissez ? C'est un artiste curieux, différent, étrange, efficace.

e. Allez voir ce musée : le bâtiment est spacieux, froid, accueillant, lumineux.

2 ■ Difficile de choisir : lequel ou laquelle préférez-vous ? Complétez.

*Ex. : Un tableau **abstrait** ou figuratif ?*

a. Une pièce de théâtre contemporain ou une pièce de théâtre .... ?
b. Un film historique ou un film .... ?
c. Un meuble ancien ou un meuble .... ?
d. La musique classique ou la musique .... ?
e. Un roman fantastique ou un roman .... ?
f. Un objet décoratif ou un objet .... ?

comique – policier – léger – moderne – utile – classique

grammaire

3 ■ Interroger pour demander un avis. Complétez.

a. *Chez le disquaire.*
– C'est pour un ami qui aime le jazz.
– ***Lequel*** de ces enregistrements me conseillez-vous ?
– Et vous, ... préférez-vous ?
– J'hésite...

b. *Chez le libraire.*
– Je cherche deux romans de Daniel Pennac.
– .... cherchez-vous ?
– Je ne sais pas très bien...
– .... avez-vous lus ?
– Je les ai tous lus. C'est pour offrir à une amie italienne.
– Alors prenez *La Petite Marchande de prose.*

c. *Dans une boutique de mode.*
– Alors, ... préfères-tu ?
– Je crois que la jupe noire me va mieux.
– Tu en as déjà trois ! Mais à part celle-là, tu hésites entre .... ?
– Entre ces deux-là...
– Mais elles sont noires toutes les deux !
– Alors, je prends .... ?

4 ■ Exprimer un jugement. Complétez les phrases.

– J'aime bien ses derniers films, surtout ***celui qui*** se passe à la fin de la guerre de 1914-1918, *Capitaine Conan*, mais aussi .... il fait le portrait d'un cinéaste pendant la Seconde Guerre mondiale, *Laissez- passer.*
– Celui-là me rappelle aussi .... cet autre réalisateur sur un sujet semblable, *Un héros très discret.*
– Ah ! oui, ... a eu la Palme d'or du meilleur scénario au Festival de Cannes.
– Oui, ... j'ai vu l'année où tu n'es pas venu.

5■ Interview express. Amorcez les réponses comme dans l'exemple.

*Ex. : Qu'est-ce qui vous plaît dans ce spectacle ? – **Ce qui me plaît, c'est...***

a. Qu'est-ce qui vous séduit dans cet opéra ?

....

b. Quels chanteurs avez-vous préférés ?

....

c. Quelles chanteuses d'opéra allez-vous généralement écouter ?

....

d. Quels sont les chanteurs que vous détestez ?

....

e. Qu'est-ce que vous allez écouter demain soir ?

....

f. Quelles sont les musiques que vous n'aimez pas ?

....

écrit

6■ Êtes-vous plutôt moderne ou plutôt classique dans vos goûts artistiques ? Dites pourquoi.

....

....

....

....

....

2 parler d'une passion, d'une aventure

vocabulaire

7■ Des verbes aux mots. Complétez.

*Ex. : Le jardinage me détend : **c'est ma détente.***

a. Je suis très occupé : j'ai beaucoup d' ....

b. J'aime beaucoup me promener : je fais de longues ....

c. Je bricole tout le temps : je fais du ....

d. Je collectionne les timbres, les voitures anciennes : j'ai le goût des ....

e. Je voyage très souvent loin de chez moi : j'ai une passion pour ....

8■ Associez. (Attention, il peut y avoir plusieurs réponses.)

a. Pratiquer	**1.** le jeu
b. Faire équipe avec	**2.** la photographie
c. Collectionner	**3.** les sports de l'extrême
d. Se passionner pour	**4.** un sport
e. S'intéresser à	**5.** des partenaires
f. Être attiré par	**6.** des trekkings dans le désert
g. Participer à	**7.** les papillons

9■ Définissez.

Ex. : Un peintre, c'est celui qui peint des tableaux.

a. Un aventurier, c'est celui qui ....

b. Un amateur, c'est celui qui ....

c. Un professionnel, c'est celui qui ....

d. Un passionné c'est, celui qui ....

e. Un collectionneur, c'est celui qui ....

grammaire

10■ Mon meilleur souvenir... Complétez avec « quand », « au moment où ».

*Ex. : Mon meilleur souvenir : c'est **quand** on est arrivés au village.*

a. C'est .... nous sommes partis tous les trois faire la descente de l'Amazone.

b. C'est .... on a découvert les geysers au lever du soleil.

c. C'est .... tu es venu me chercher pour partir à vélo dans le désert du Moyen-Orient.

d. C'est .... je me suis retrouvé seul sur l'Acropole.

e. C'est .... on est arrivés au sommet de l'Etna avec le coucher du soleil sur la Méditerranée.

11■ Mettez les verbes au temps qui convient.

a. J' (*être*) .... épuisé. Nous (*marcher*) .... plus de trois heures aujourd'hui.

b. C' (*être*) .... extraordinaire. Il (*faire*) .... un temps magnifique. Nous (*quitter*) .... le camp de base à 3 heures du matin et nous (*arriver*) .... au sommet cinq heures plus tard. Un balcon naturel d'où on pouvait voir toute la chaîne des montagnes.

c. Quel accueil ! On (*se perdre*) .... ; ils nous (*conduire*) .... chez eux, ils nous (*inviter*) .... à dîner avec toute la famille. C'(*être*) .... le jour du couscous. Une vraie fête !

écrit

12■ Beaucoup de gens pratiquent aujourd'hui les sports de l'extrême ; certains pensent qu'ils prennent trop de risques. Et vous, qu'en pensez-vous ?

....

....

....

....

....

3 exprimer la surprise

vocabulaire

13■ Qu'est-ce qu'ils disent ? Trouvez les expressions dans la liste.

Ce n'est pas possible ! – Je rêve ! – Ça ne m'étonne pas ! – Je tombe de haut ! – Ce n'est pas vrai ! – Ça alors ! – Je ne m'attendais pas à ça !

*Ex. : Elle est surprise au-delà de la surprise attendue : « **Je ne m'attendais pas à ça !** »*

a. Finalement, elle n'est pas étonnée, elle s'y attendait :

....

b. Elles n'arrivent pas à croire que ce soit vrai, et pourtant il faut se rendre à l'évidence :

....

c. Il ne croit pas que ça puisse être réel :

....

d. Ils restent stupéfaits devant la réalité :

....

e. Elle a l'impression de faire une chute :

....

grammaire

14■ S'informer et interroger. Utilisez les doubles pronoms.

*Ex. : Ils te l'ont montré, leur nouveau tableau ? – **Non, je ne l'ai pas encore vu.***

a. Est-ce que nous avons pris les contacts nécessaires ?

Oui, ...

b. Est-ce qu'ils nous ont envoyé une réponse ?

Oui, ...

c. Est-ce que tu as montré au directeur le mél que nous avons reçu ?

Oui, ...

d. Est-ce qu'il t'a dit ce qu'il en pensait ?

Non, ...

e. Quand te donnera-t-il une réponse ?

.... après la réunion.

15■ S'inquiéter et interroger. Utilisez les doubles pronoms avec « en » et le verbe au passé.

*Ex. : Ils t'ont parlé de leur nouveau tableau ? – **Frank m'en a parlé.***

a. Frank t'a donné des billets pour le nouveau spectacle ?

Oui, ...

b. Tu lui en avais demandé ?

Non, ...

c. Est-ce qu'il t'a parlé du programme ?

Non, ...

d. Et il t'a envoyé de la documentation ?

Oui, ...

e. Est-ce qu'il t'a donné l'heure du rendez-vous ?

Oui, ...

16■ Enquête. Répondez aux questions.

a. Est-ce qu'elle t'a parlé de moi ?

Non. ....

b. Est ce qu'elle t'a dit si elle souhaitait me voir ?

Non, ...

c. Mais est-ce qu'elle t'a dit des choses agréables sur moi ?

Oui, ...

d. Et est-ce qu'elle t'a posé des questions ?

Oui, ...

e. Alors elle t'a donné un rendez-vous avec moi ?

Qu'est-ce que je te réponds : oui, ... , ou non, ...

écrit

17 ■ Art abstrait ou art réaliste ? Dites ce que vous préférez et pourquoi ?

. . . .

. . . .

. . . .

. . . .

. . . .

4 exprimer des sentiments

vocabulaire

18 ■ Nommer un sentiment

*Ex. : être déçu : **la déception**.*

a. être honteux : . . . .

b. être triste : . . . .

c. être joyeux : . . . .

d. être désespéré : . . . .

e. être jaloux : . . . .

f. être dégoûté : . . . .

g. être insatisfait : . . . .

h. être mécontent : . . . .

19 ■ Identifier le sentiment. Aidez-vous de la liste.

Ex. : Non, ça ne va pas, il faut faire ça autrement. → ***l'insatisfaction**.*

a. Tu le connais depuis quand ? Dis-moi son nom, dis-le-moi ! → . . . .

b. Ah ! si je pouvais me jeter par la fenêtre ! → . . . .

c. Toi, on dirait que tu as des états d'âme ; ça ne va pas ? → . . . .

d. Je n'ai plus de désir pour rien. → . . . .

e. Oui, c'est beau la vie ; elle vaut la peine d'être vécue. → . . . .

f. Si j'étais toi, je n'oserais même pas me présenter. → . . . .

g. C'est vrai, je ne peux pas vivre sans lui ! → . . . .

la honte − le désespoir − la jalousie − le bonheur − la tristesse − le dégoût − l'amour

20 ■ Est-ce que ça veut dire la même chose ? Vrai ou faux ?

	Vrai	Faux
a. Elle est attirée par elle = elle lui plaît.	☒	☐
b. C'est tellement bien avec lui = elle s'ennuie.	☐	☐
c. Il est furieux = il n'est pas content.	☐	☐
d. Je n'ose pas me montrer = je suis bouleversé.	☐	☐
e. Laure me rend folle = elle m'énerve.	☐	☐
f. Agnès me fatigue = elle me déçoit.	☐	☐

grammaire

21 ■ Donner son sentiment sur une situation. Reformulez.

Ex. : Pierre est au chômage. Je suis triste. → ***Je suis triste que Pierre soit au chômage**.*

a. Frank est venu. Je suis content.

→ . . . .

b. Nous ne pouvons les accueillir. J'ai honte.

→ ....

c. Il viendra. Ça m'étonnerait.

→ ....

d. Il partira. Je l'espère.

→ ....

e. Elle fait équipe avec lui. Ça me fait plaisir.

→ ....

22■ Rapporter des impressions. Transformez les phrases.

Ex. : Franchement, je suis très déçu. → ***Il m'a dit qu'il était vraiment déçu.***

a. Eh bien tu vois, je ne l'aime plus.

→ Elle m'a avoué ....

b. Vraiment je lui trouve beaucoup de charme.

→ Elle m'a confié ....

c. Tu sais, je la connais depuis très longtemps.

→ Il m'a révélé ....

d. Tu ne pourrais pas nous faire nous rencontrer ?

→ Il m'a demandé ....

e. Cette fois, je n'en peux plus, j'en ai assez ! C'est fini, tu m'entends, fini !

→ Il m'a affirmé ....

écrit

23■ Faut-il ou non montrer ses sentiments ? Faites la liste des arguments pour et des arguments contre.

....

....

....

....

....

....

5 créer

vocabulaire

24■ Du verbe au nom. Créez des mots à partir des actions.

*Ex. : concevoir : **la conception.***

a. imaginer : ....

b. fabriquer : ....

c. composer : ....

d. produire : ....

e. monter : ....

f. réduire : ....

g. reprendre : ....

h. ajouter : ....

i. finir : ....

j. arrêter : ....

25■ Utilisez les expressions dans l'ordre de réalisation d'un projet.

produire un prototype – travailler une esquisse – faire une retouche – imaginer un modèle – réaliser une maquette – se décider sur un projet

1. Se décider sur un projet   **4.** ....

2. ....   **5.** ....

3. ....   **6.** ....

26■ Complétez en utilisant le vocabulaire de la création.

Des verbes : *inventer – mettre en œuvre – naître – assembler – signer – réaliser.*
Des noms : *la fabrication – l' innovation – le créateur – le design.*
Des adjectifs : *indémodable – nouveau – magique.*

a. *Les J.M. Weston.*
Eugène Blanchard, ... des fameuses chaussures Weston, ... une technique révolutionnaire pour la .... des chaussures : le cousu Good Year. C'est avec cette technique que .... depuis 1920 les fameux mocassins Weston.

b. *La Vespa.*
C'est Rinaldo Piaggio qui .... le nom de ce scooter : la Vespa. Coradino d'Ascara .... le premier modèle en 1946 qui devient très vite un .... mode de vie.

c. *La Porsche 911.*
La 911 ou la « onze » est .... en 1963. Son désign .... Ferdinand Alexandre Porsche, surnommé « Butzi ».

d. *Le Leica.*
24 × 36, 36 poses, visée télémétrique, toutes ces ...., c'est Leica. Cartier-Bresson lui est fidèle depuis 1932. C'est un appareil ....
Il a quelque chose de ....

Vivre ses passions

grammaire

27 ■ Découvreurs et inventeurs. Mettez à la forme passive.

a. Le virus du sida *(découvrir)* .... par le professeur Montagnier.

b. Les plus beaux meubles de l'époque Louis XIV *(réaliser)* .... par Boulle.

c. Le cinéma *(inventer)* .... par les frères Lumière.

d. Le champagne *(produire)* .... pour la première fois par Dom Pérignon en 1688.

e. Les jeux Olympiques modernes *(concevoir)* .... par le baron Pierre de Coubertin.

f. Le premier parfum moderne, Chanel n° 5, *(créer)* .... par Coco Chanel.

écrit

28 ■ **Racontez l'histoire d'un objet de légende en utilisant la forme passive.**

....
....
....
....
....
....
....
....

29 ■ **Vous venez d'assister à la représentation d'un nouveau spectacle (cirque, concert, théâtre, spectacle de rue, cinéma, danse, opéra, etc.). Vous en faites la critique.**

....
....
....
....
....
....
....

6 découvrir les mots

vocabulaire

30 ■ **Des mots de la même famille. Éliminez l'intrus.**

a. démolir, détruire, conserver.

b. perdre, dégrader, abîmer.

c. disparaître, croître, augmenter.

d. polluer, salir, nettoyer.

e. traverser, imaginer, rêver.

f. plaire, aimer, séduire.

31 ■ D'où viennent les mots suivants ? Faites correspondre. Aidez-vous d'un dictionnaire.

a. alcool	**1.** turc
b. eden	**2.** arabe
c. divan	**3.** hindou
d. jungle	**4.** anglais
e. chocolat	**5.** portugais
f. abricot	**6.** langues américaines
g. banane	**7.** italien
h. valise	**8.** espagnol
i. blé	**9.** hébreu
j. tunnel	**10.** allemand
k. vague	**11.** néerlandais
l. bière	**12.** langues scandinaves

a2 ....

32 ■ Voici une série de mots. Trouvez un mot qui les rassemble.

Ex. : Le sentiment : ***la joie, la tristesse, la jalousie.***

a. .... : l'allure, l'image, le look.

b. .... : l'étonnement, l'exclamation, l'inattendu.

c. .... : le soupçon, l'incertitude, l'hésitation.

d. .... : la colère, la plainte, l'insatisfaction.

e. .... : la force, la brutalité, la contrainte.

33 ■ Trouvez le sens figuré des mots suivants.

Ex. : capitale → *sens propre : ville principale.*

→ *sens figuré :* ***lettre majuscule.***

a. atmosphère → l'air

→ ....

b. la forme → l'aspect

→ ....

c. la taille → partie du corps

→ ....

d. l'aventure → la péripétie

→ ....

écrit

34 ■ Les langues s'enrichissent d'apports extérieurs qu'elles s'approprient. Êtes-vous pour ou contre l'importation directe de mots étrangers dans votre langue ? Pensez-vous qu'il faille les traduire ? Justifiez votre réponse.

....

....

....

....

....

....

1 exprimer la cause

vocabulaire

1■ Dites-le autrement.

Ex. : chercher un emploi = ***chercher du travail***.

a. délocaliser la production = ...

b. licencier = ...

c. prendre en compte les problèmes de l'entreprise = ...

d. garantir l'autonomie de l'entreprise = ...

e. embaucher = ...

2■ Dites le contraire.

a. embaucher ≠ ....

b. perdre ≠ ....

c. augmenter ≠ ....

d. se défendre ≠ ....

e. progresser ≠ ....

f. diriger ≠ ....

diminuer – attaquer – licencier – trouver – laisser faire – réduire

grammaire

3■ Donner les bonnes raisons avec les bonnes expressions. Utilisez « à cause de », « grâce à », « en raison de ».

Ex. : L'entreprise a des difficultés ***à cause de*** la concurrence.

a. D'abord, les ventes baissent .... la gamme de produits .

b. Et puis les clients n'ont plus confiance .... leur qualité.

c. Si l'entreprise ne disparaît pas, c'est .... la bonne volonté des actionnaires.

d. On peut espérer que .... la solidarité de tous l'entreprise s'en sortira.

4■ Connaître les bonnes raisons. Trouvez la question. Utilisez « à quoi », « pourquoi », « comment », « quelle est la cause ».

Ex. : Mais ***à quoi*** sont dus nos problèmes ? – À la concurrence.

a. .... sont dus à ses résultats ?

– À la qualité de son travail.

b. .... de son succès ?

– Son imagination.

c. .... est due la rapidité de sa carrière ?

– À son immense talent.

d. .... s'explique la passion qui entoure sa personne ?

– Elle s'explique par son indépendance et son goût du secret.

e. .... ne le voit-on pas plus souvent ?

– Parce qu'il est souvent en voyage à l'étranger.

f. .... a-t-il de si mauvaises relations avec la presse ?

– Parce qu'il pense que ce qu'il a à dire, il le dit dans et par son travail de créateur.

écrit

5■ Sauver des emplois ou sauver l'entreprise : comment jugez-vous un tel choix ?

. . . .

. . . .

. . . .

. . . .

. . . .

2 exprimer la conséquence

vocabulaire

6■ Vrai ou faux ?

	Vrai	Faux
a. La téléphonie s'occupe de téléphone.	☐	☐
b. L'informatique permet de stocker et de faire circuler l'information.	☐	☐
c. La robotique s'occupe de l'intelligence naturelle.	☐	☐
d. Grâce à la génétique, on comprend mieux certaines maladies.	☐	☐
e. La réalité virtuelle cherche à reproduire la réalité à l'identique.	☐	☐
f. L'Internet fonctionne comme la télévision.	☐	☐

7■ Mettez dans l'ordre ces conseils pour faire fonctionner votre ordinateur.

a. Ouvrir un nouveau fichier.

b. Allumer l'ordinateur.

c. Sauvegarder le document.

d. Enregistrer le fichier sous une rubrique.

e. Cliquer sur le programme choisi.

f. Imprimer le document.

g. Saisir le document.

1.b – . . . .

8■ Classez les mots suivants.

une communauté – envoyer un mél – un clavier – une souris – copier – saisir – un logiciel – un écran – une disquette – un internaute – consulter – envoyer – un informaticien – enregistrer – cliquer – un cyberprof – naviguer – un site – la Toile – une banque de données – une imprimante – coller – un modem – interroger

Objets : . . . .

Fonctions : . . . .

Personnes : . . . .

grammaire

9■ Si on rêvait juste un peu... Mettez les verbes au temps qui convient.

a. Demain, des avions géants comme Airbus *(permettre)* . . . . de transporter 750 passagers.

b. Les progrès de la génétique *(entraîner)* . . . . la disparition de certaines maladies.

c. Grâce à la robotique qui *(supprimer)* . . . . des tâches pénibles, on *(créer)* . . . .
de nouveaux services, donc de nouveaux emplois.

d. La voiture, qui *(causer)* . . . . aujourd'hui beaucoup de pollution, *(être)* . . . .
interdite dans le centre des villes.

e. Les industries très polluantes *(amener)* .... une dégradation de l'équilibre écologique de la planète.

10■ Introduire une conséquence. Reliez les deux phrases avec « c'est pourquoi », « de sorte que ».

Ex. : L'ordinateur et le réseau Internet ont produit d'immenses possibilités de circulation de l'information. Les activités quotidiennes comme faire ses courses deviendront inutiles.

→ ***L'ordinateur et le réseau Internet..., c'est pourquoi les activités quotidiennes...***

a. Nicolas n'a pas de travail. Il cherche un nouvel emploi.

→ ....

b. Sabine a fait HEC. Elle est sûre de trouver un très bon travail ici ou à l'étranger.

→ ....

c. Pierre occupe un poste important. Il a peu de temps pour nous voir.

→ ....

d. Daniel est informaticien. Il m'aide quand j'ai des problèmes avec mon ordinateur.

→ ....

e. Marie s'est bien adaptée. Elle part de plus en plus souvent en voyage de prospection à l'étranger.

→ ....

écrit

11■ Génétique, robotique, intelligence artificielle... ces progrès vous enthousiasment ou vous font peur ? Dites pourquoi.

....
....
....
....
....
....

3 exprimer la crainte - rassurer

vocabulaire

12■ Quels sont les sentiments éprouvés ? Aidez-vous de la liste.

Quand je dis...	j'exprime...
Ex. : Tu crois qu'il va venir ?	*une inquiétude*
a. Non, excuse-moi, je ne veux pas le voir, il va encore m'agresser.	....
b. Allez, n'aie pas peur, on y va. Je t'assure, il n'y a pas de danger !	....
c. On y arrivera, j'en suis sûr, j'y crois.	....
d. Comme c'est bien d'être avec vous... jamais je ne me suis senti aussi bien !	....
e. Ah non, je ne peux pas, je n'y vais pas ; je me sens mal. Vas-y tout seul !	....
f. Tu crois qu'ils aiment ce que je fais dans la pièce ? Tu crois que mon jeu va leur plaire ?	....
g. Ça ne peut pas continuer comme ça ; il faudra travailler autrement !	....
h. J'espère que nous passerons ensemble d'autres journées aussi belles que celles-là !	....

l'audace – le courage – le mécontentement – le bonheur – le plaisir – l'angoisse – le trac – la peur

Comprendre le monde

13■ Exprimer une crainte. Complétez les phrases.

*Ex. : Tu crois qu'il va accepter ? – **J'ai peur qu'il accepte !***

a. Tu crois qu'il va venir ?

– J'ai peur qu' ....

b. Tu crois qu'il va me le demander ?

– Je crains qu' ....

c. Tu crois qu'il a tort ?

– J'ai peur qu' ....

d. Tu crois qu'il s'en souvient ?

– En tout cas, il serait regrettable qu' ....

e. Tu crois que nous prenons des risques inutiles ?

– Oui, je crains que ....

f. Tu crois que nous sommes capables de résister ?

– J'ai peur que ....

g. Tout ça, tu lui as dit ?

– Non, je n'ai pas osé…

14■ Rassurer. Complétez et réutilisez le verbe entre parenthèses.

Ex. : Luigi, je suis inquiète. → *Tu as tort, **ne t'inquiète pas.***

a. Tout va bien se passer, *(craindre)* .... rien.

b. Je m'occupe de tout. *(ne pas se faire de soucis)* ....

c. Quelqu'un vous attendra à l'aéroport, *(s'inquiéter)* ....

d. Le taxi viendra vous chercher à 9 heures, *(ne pas s'en faire)* ....

e. Tout est prévu ; tout a été répété plusieurs fois ; *(être rassuré)* ....

15■ Exprimer une crainte et rassurer. Réutilisez le verbe souligné.

Ex. : Elle le veut. → *Je crains qu'**elle le veuille.*** → *Ne t'inquiète pas, **elle le voudra.***

a. Ils peuvent le réaliser.

→ J'ai peur qu'ils ....

→ Rassurez-vous, ils ....

b. Il va le faire.

→ Je crains que ....

→ Ne vous faites pas de soucis, ...

16■ Êtes-vous ou non superstitieux ? Dites pourquoi.

....

....

....

....

....

....

4 faire une démonstration

vocabulaire

17 ■ De quoi parle-t-on ?

a. Il n'a pas vu que le feu était rouge : → ***la faute de conduite.***

b. Il n'y a pas un an qu'il a son permis de conduire. → ....

c. Il venait de fêter la victoire de l'équipe de football locale. Il était trop gai ! → ....

d. Un trop long trajet de nuit pour un conducteur inexpérimenté : l'accident était programmé. → ....

....

e. Rien n'y fait : 50 km/heure devient 70 ; quand on lit 90, on roule à 120 ; et autoriser de rouler à 130 signifie rouler à 150... → ....

f. Une route sinueuse, sans visibilité, sans possibilité de doubler... Et pourtant le conducteur a osé. Hélas pour ceux qui arrivaient en face ! → ....

g. Brouillard sur toute la vallée du Rhône. Prudence ; réduisez votre vitesse. → ....

l'état du conducteur − le type de déplacement − la faute de conduite − la vitesse de la voiture − l'expérience du conducteur − les conditions météo − le type de route et son état.

grammaire

18 ■ Préciser l'époque. Mettez les indicateurs de temps dans l'ordre chronologique et accordez les verbes.

Ex. : Il y a trente ans (désigner) ***on désignait*** *l'état des routes comme principale cause des accidents.*

a. .... on (savoir) .... que l'automobile (être) .... une cause importante de la pollution.

b. .... on (penser) .... encore que la voiture (être) .... un signe d'indépendance et une nécessité individuelle.

c. .... le nombre d'automobiles (augmenter) .... considérablement.

d. .... on (remettre en cause) .... son utilisation systématique.

e. .... on (vouloir) .... limiter son accès aux villes ; on lui (préférer) .... les transports en commun.

aujourd'hui − dans les années qui ont suivi − il y a trente ans − il y a quelques années − depuis longtemps

19 ■ Complétez les enchaînements avec « d'abord », « d'une part », « d'un côté», etc.

a. *Plan d'action.*

.... on fait une manifestation contre le projet d'autoroute, ... on organise une pétition, ... on demande un rendez-vous au préfet et on lui apporte une pétition.

b. *Nuancer les arguments.*

.... il faut défendre l'utilité du projet, ... il ne faut pas perdre de vue sa nécessaire rentabilité.

c. *Hiérarchiser les arguments.*

.... la modernisation industrielle détruit des emplois peu qualifiés, mais .... elle en crée de nouveaux plus qualifiés.

20■ Enchaînez les phrases avec « pourtant », « cependant », « en revanche », « or ».

a. La fête de la victoire de l'équipe de football avait bien commencé, ... elle s'est mal terminée.

b. J'aime bien les sports d'aventure, ... ma femme n'aime pas ça du tout.

c. Ça a été une formidable surprise, ... ça l'a laissé de glace.

d. Je ne comprends pas ce qui s'est passé : le dessin était très séduisant, ... la maquette est nulle.

e. Ça ressemblait beaucoup à un tableau que j'avais vu. .... je savais que le peintre en avait fait un seul sur ce sujet ; j'ai donc pensé tout de suite que c'était un faux, même bien imité.

écrit

21■ Transports collectifs ou transports individuels : où vont vos préférences ? Dites pourquoi.

....

....

....

....

....

5 décrire une organisation, un fonctionnement

vocabulaire

a. savoir : ....

b. émerveiller : ....

c. explorer : ....

d. rechercher : ....

e. mettre au point : ....

f. concevoir : ....

g. voir : ....

h. créer : ....

i. annoncer : ....

j. commenter : ....

22■ Du verbe au nom.

*Ex. : connaître : **la connaissance**.*

23■ Complétez. Aidez-vous de la liste.

*Ex. : Le moteur de recherche : il **sert à** aller chercher l'information.*

a. L'ordinateur : il .... d'un écran et d'un clavier.

b. L'utilisateur : il .... d'un réseau.

c. Le site : il .... plusieurs entrées qu'on peut interroger.

d. L'adresse électronique : elle .... d'avoir des correspondants dans le monde entier.

comprendre – se composer de – permettre – faire partie de

24■ Ça fonctionne bien ! Mettez en ordre de marche cette notice de lecteur de DVD.

a. Appuyez sur la touche PAUSE/ARRÊT : l'image apparaît.

b. Mettez le disque dans le tiroir à disque.

c. Appuyez sur la touche OUVRIR/FERMER : le tiroir à disque se ferme.

d. Si vous appuyez sur la touche PAUSE, la lecture s'arrête.

e. Mettez en marche le téléviseur sur le mode VIDÉO.

f. Choisissez votre système AUDIO.

....

grammaire

25■ Donner des conseils. Réécrivez les phrases.

Pour mieux dormir :

Ex. : À éviter : *les plats épicés – les viandes en sauce – les gâteaux trop riches.*

→ **Évitez les plats épicés, les viandes en sauce, les gâteaux trop riches.**

a. *Attention au café et au thé.*

....

....

b. *L'alcool est un faux ami : il faut s'en méfier.*

....

....

c. *Pâtes et riz sont à consommer avec modération.*

....

....

d. *Choisir de préférence des plats riches en calcium et en magnésium.*

....

....

e. *Prendre un bain tiède et y ajouter de plus en plus d'eau froide.*

....

....

26■ Pour les vacances ou pour les week-ends, vous préférez les activités de détente, les activités sportives ou les activités de culture ? Justifiez vos choix.

....
....
....
....
....
....

6 justifier une action

vocabulaire

27■ Nommer l'action. Écrivez le nom qui correspond au verbe.

*Ex. : agir : **une action**.*

a. dénoncer ....
b. sensibiliser : ....
c. interpeller : ....
d. boycotter : ....
e. appeler : ....

f. réfléchir ....
g. organiser : ....
h. arrêter : ....
i. sauver : ....
j. choisir : ....

28■ Associez pour créer des phrases.

a. Dénoncer
b. Sensibiliser
c. Interpeller
d. Boycotter
e. Arrêter
f. Sauver

1. les produits.
2. les pollueurs.
3. le public.
4. la pollution.
5. l'environnement.
6. les autorités.

29■ Faites correspondre la définition et le verbe.

a. Faire connaître, signaler avec force : ....
....

b. Rendre sensible à un problème : ....
....

c. S'adresser à quelqu'un de manière forte : ....
....

d. Refuser d'avoir des contrats avec un groupe, un pays, d'acheter des produits : ....
....

e. Entraîner, mêler quelqu'un à une affaire : ....
....

interpeller – boycotter – sensibiliser – impliquer – dénoncer

grammaire

30■ Faites les transformations nécessaires.

Ex. : Nous organisons une journée de langues (pour l'apprentissage des langues par les étudiants).

Nous organisons une journée des langues pour que les étudiants apprennent les langues.

a. Nous organisons une manifestation *(pour une meilleure compréhension de nos revendications par les autorités).*

→ ....

....

b. Nous lançons une campagne *(pour une sensibilisation des conducteurs aux risques d'accidents).*

....

....

c. Nous appuyons les innovations *(pour une amélioration des conditions de travail des employés).*

→ ....

....

d. Nous dénonçons l'émission de déchets *(pour une meilleure protection de l'environnement).*

→ ....

....

e. Nous interpellons les autorités *(pour une meilleure protection de la vie privée).*

→ ....

....

31 ■ Interroger sur les objectifs.

Ex. : (venir à Paris) **Pourquoi êtes-vous venu à Paris ?** – *Pour réussir.*

a. *(faire de la musique)* ....?

– Pour faire plaisir à mes amis.

b. *(donner peu de concerts)* ....?

– Pour ne pas décevoir mes admirateurs.

c. *(enregistrer peu de disques)* ....?

– Pour qu'on les écoute mieux et plus souvent.

d. *(accorder peu d'entretiens)* ....?

– Pour éviter que les journalistes ne me posent toujours les mêmes questions.

e. *(accepter aujourd'hui)* ....?

– Pour être tranquille après.

écrit

32■ Vous écrivez un tract qui invite le consommateur à ne pas acheter. Rédigez un argumentaire en sept points pour convaincre.

....

....

....

....

....

....

Gérer le quotidien

1 exprimer l'appartenance

vocabulaire

1■ « Appartenir à » ou « posséder ». Classez les mots.

une association – un bateau – un club de football – un commerce – un parti politique – une voiture – un mouvement de défense de la nature – une maison – une école de pensée philosophique – tous les disques de Manu Chao

a. Appartenir à : ....

....

b. Posséder : ....

....

2■ Tous ces verbes sont synonymes d'appartenance ou de possession. Construisez des expressions à l'aide de la liste de mots suivante.

une manifestation – une religion – les passionnés de plongée – un tableau – un regard – les bénéfices – son pays
Ex. : Posséder un appartement.

a. Être attaché à ....

b. Se réclamer de ....

c. Conserver ....

d. Collectionner ....

e. Faire équipe avec ....

f. Se séparer d' ....

g. Participer à ....

h. Être attiré par ....

grammaire

3■ Exprimez l'appartenance ou l'identité avec « être » ou « avoir ».

a. Je .... espagnole.
b. Tu .... 23 ans ? C'est vrai ?
c. Tu .... mariée ? Avec un Italien ?
d. Vous .... deux enfants ?
e. Il .... une maison au Portugal.
f. Il .... peintre.
g. Ah ! oui, il .... un métier artistique.

4■ C'est le mien ou le tien ?

*Ex. : Elle est à toi cette voiture ? – **Oui, c'est la mienne.***

a. Ces disques, ils sont à vous ?

– Oui, ...

b. Et le lecteur de CD, il est à elle ?

– Oui, ...

c. Cette bouteille de parfum, elle est à toi ?

– Oui, ...

d. Et ces tableaux, ils sont aux propriétaires de la maison ?

– Oui, ...

e. Les verres sont à eux ou à nous ?

– ....

5■ À qui ça appartient ? Répondez.

*Ex. : Mon portable, je le lui ai prêté : **c'est le mien.***

a. Sa photo, il me l'a donnée : ....

b. La voiture, elle leur appartient : ....

c. Le matériel, nous le lui avons réclamé : ....

d. Les meubles, elle les a prêtés : ....

e. Les tableaux, elle les leur a tous rendus : ....

écrit

6■ Choisissez un objet qui a beaucoup d'importance pour vous. Décrivez-le. Racontez son histoire et dites pourquoi il est important.

....

....

....

....

....

....

2 gérer son argent
vocabulaire

7■ Ça s'achète où ?

*Ex. : un paquet de cigarettes : **au bureau de tabac.***

a. un tube d'aspirine : ....

b. un billet d'avion : ....

c. un ticket pour voir le film *Astérix : Mission Cléopâtre* : ....

d. *Le Monde, Elle* ou *L'Équipe* : ....

e. un flacon d'eau de toilette : ....

f. le dernier roman de Patrick Modiano : ....

agence de tourisme – cinéma – kiosque ou maison de la presse – parfumerie – librairie – pharmacie

8■ Voici des noms de boutiques. Retrouvez ce qu'on y vend.

a. « La cravaterie » : ....

b. « La chausserie » : ....

c. « Le fournil » : ....

d. « La bagagerie » : ....

e. « La sandwicherie » : ....

f. « Le moule à gâteaux » : ....

g. « Italia Cucina » : ....

h. « Le Temple d'or » : ....

i. « L'Homme bleu » : ....

j. « Les délices de Mykonos » : ....

9 ■ Caractérisez.

a. Un produit alimentaire : **frais** ....
....

b. Un vêtement : ....
....

c. Un objet de décoration : ....
....

d. Un matériel professionnel : ....
....

rétro – spécialisé – introuvable – frais – sport – chic – quotidien – embarrassant – bizarre – excentrique – excellent – interactif – tendance – bon – sympa – futuriste – original

grammaire

10 ■ Transformez et mettez au temps qui convient.

Devenez adhérent.

Ex. : *Vous découvrirez les offres et les avantages qui vous sont réservés dans notre catalogue.*
→ **Découvrez les offres et les avantages qui vous sont réservés dans notre catalogue.**

a. Vous choisirez parmi les offres qui ont été sélectionnées.

→ ....

b. Vous profiterez de nos tarifs préférentiels.

→ ....

c. Vous accéderez à nos tarifs spécialisés.

→ ....

d. Et en plus, vous bénéficierez de remises supplémentaires exceptionnelles.

→ ....

11 ■ Comparez et commentez les prix.

	Hier	Aujourd'hui
Téléphonie mobile : mobicarte	10,67 €	15 €
Le Nouvel Observateur, Le Point	3,05 €	3 €
Le Monde	1,14 €	1,20 €
Le Figaro	1,20 €	1 €
Loisirs : une place au tournoi de tennis de Roland-Garros	19,81 €	21 €
Place de cinéma	8 €	8,10 €
Stationnement à Paris	2,29 €	0,50 €
Un café au « Café Beaubourg », à Paris	2,50 €	2,70 €

a. La plupart des prix ....
b. Cependant ....
c. Les hausses les plus importantes sont ....
d. La baisse la plus spectaculaire est ....

e. Dans la presse, ...

f. Les loisirs comme ....

....

écrit

12■ Grands magasins, supermarchés, petites boutiques ou marchés : où préférez-vous aller faire vos achats ? Dites pourquoi.

....

....

....

....

....

....

3 dire le droit

vocabulaire

13■ Reconnaître : « c'est interdit » ou « c'est autorisé » ? Répondez à l'aide des mots de la liste.

a. En principe, ce n'est pas possible ; mais si on est discret, ils acceptent.

....

b. Allez-y si vous voulez, mais vous prenez un risque.

....

c. On peut se promener sans problème dans la réserve ; il faut respecter les règles, bien entendu.

....

d. Désolé, mais vous ne pouvez pas entrer.

....

e. Officiellement, vous avez tout à fait le droit de le faire.

....

c'est interdit – c'est déconseillé – c'est toléré – c'est permis – c'est autorisé

14■ Qu'est-ce qu'il/elle fait ?

a. Moi, je serais toi, j'attendrais d'en savoir plus.

....

b. Vous pouvez venir ou ne pas venir : c'est à vous de juger.

....

c. N'oubliez pas de saisir le rapport et de me l'envoyer par mél.

....

d. Ce n'est pas la peine de venir, tu peux rester tranquillement à la maison.

....

e. Oui, je comprends votre situation. Eh bien c'est d'accord, rendez-le-moi seulement lundi.

....

obliger – conseiller – dispenser – donner une dérogation – rendre facultatif

grammaire

15■ Mettre des conditions.

Ex. : Avoir un problème → **S'il y a un problème,** *j'appelle les gendarmes.*

a. Faire du bruit.

→ Si vous ...., on arrête tout.

b. Découvrir.

→ Si on .... que l'usine pollue, on ferait une pétition.

c. Ne pas respecter les règles.

→ Si vous ...., je m'opposerais à vous.

d. Ne pas accepter les conditions.

→ Si je ...., qu'est-ce que vous allez faire ?

e. Refuser de payer.

→ Si vous ...., la société Moneyback vous attaquera.

16■ Conflits. Rappelez les règles du droit...

Ex. : Qu'est-ce que vous faites ? **Il est interdit de s'installer ici.**

a. Vous vous promenez à la campagne ; vous voulez traverser une propriété privée ; le propriétaire intervient.

....

b. Vous vous baladez dans un zoo ; vous voulez donner à manger aux animaux mais, au moment où vous allez le faire, vous lisez la pancarte d'interdiction.

....

c. Votre fille ou votre fils veut aller rejoindre des copains pour aller dans une rave party ; vous refusez catégoriquement.

....

d. Vous êtes parfaitement en règle et vous entendez faire respecter votre droit de participer à un rallye.

....

e. Vous entrez dans un bar avec un sandwich que vous avez acheté à l'extérieur. Vous commencez à le manger, vous n'avez pas vu que le bar vend aussi des sandwiches ; le garçon s'approche, désolé de vous dire :

....

écrit

17■ Doit-on toujours respecter strictement une interdiction ? Donnez votre avis et justifiez-le.

....
....
....
....
....

4 réclamer, imposer par écrit

vocabulaire

18■ Retrouvez le verbe qui correspond aux mots soulignés.

*Ex. : J'ai le regret de vous informer : **regretter.***

a. Avec mes remerciements anticipés : ....

b. Veuillez agréer l'<u>assurance</u> : ....

c. À la suite de notre <u>entretien</u> téléphonique : ....

d. Avec mes <u>salutations</u> les meilleures : ....

e. Veuillez croire en l'<u>expression</u> : ....

19■ Correspondance. Quelle formule utilisez-vous lorsque :

a. vous annoncez une mauvaise nouvelle ?

....

b. vous annoncez une bonne nouvelle ?

....

c. vous demandez qu'on vous accorde une autorisation ?

....

d. vous ne doutez pas de l'aide qu'on vous accorde ?

....

e. vous notifiez une décision ?

....

Je suis en mesure de vous annoncer que...

J'ai le plaisir de vous faire savoir que...

Je vous serais reconnaissant de bien vouloir accéder à ma demande...

J'ai le regret de vous informer...

Je vous remercie par avance de ce que vous pourrez faire...

grammaire

20■ Prescrire, réclamer, demander. Identifiez les actes de communication.

Ex. : Je recevrai le document quand ? → **demander.**

a. Vous m'avez dit dans deux jours, je n'ai toujours rien reçu. → ....

b. Pourquoi est-ce que je n'ai pas reçu mon badge ? → ....

c. Tout retard devra être justifié. → ....

d. Je suis au bon numéro ? → ....

e. Il est interdit de fumer dans la salle. → ....

f. Quand m'avez-vous envoyé ce fax ? Nous n'en avons trouvé aucune trace. → ....

g. Vous devez vous présenter à cette heure, porte B. → ....

21■ Savoir exprimer une prescription, une réclamation, une demande.

Ex. : Rappeler qu'il faut quitter les lieux à 16 h au plus tard.

→ ***Il est rappelé que vous devez avoir quitté les lieux à 16 h au plus tard.***

a. Prescrire :

Rappeler l'interdiction de toucher aux objets et au mobilier pendant la visite.

→ ....

b. Réclamer :

Interroger sur l'absence d'information concernant les risques de pollution.

→ ....

S'étonner le 16 de n'avoir pas reçu le dossier promis le 14.

→ ....

c. Demander :

L'adresse électronique du client.

→ ....

L'état d'avancement du projet.

→ ....

écrit

22■ Faire valoir ses droits mais aussi satisfaire à ses devoirs. Choisissez cinq droits et indiquez en face les cinq devoirs qu'ils impliquent.

....

....

....

....

....

5 présenter, caractériser

vocabulaire

23■ Associer un objet ou une personne à une époque. Complétez.

a. milieu des années 1950 : ....

b. fin des années 1950 : ....

c. fin des années 1960 : ....

d. début des années 1980 : ....

e. milieu des années 1980 : ....

f. début des années 1990 : ....

Gérer le quotidien

grammaire

24■ Caractériser l'environnement culturel. Transformez comme dans l'exemple.

Ex. : Je tiens beaucoup à cet objet. → *C'est un objet auquel je tiens beaucoup.*

a. Je m'intéresse beaucoup à ce style de mobilier.

→ ....

b. J'attache une grande importance à cette maison.

→ ....

c. Je prête une réelle attention à ces livres d'art.

→ ....

d. Je reconnais un vrai talent à ces créateurs.

→ ....

e. Je participe volontiers à ces séances photos.

→ ....

25■ Caractériser l'environnement professionnel. Transformez comme dans l'exemple.

Ex. : Tu m'as donné le nom d'un **magasin** ; il est fermé. → *Le magasin dont tu m'as donné le nom est fermé.*

a. Tu m'as parlé d'un **projet** ; il me semble intéressant.

→ ....

b. Tu m'as montré la maquette d'un **livre** ; il me paraît réussi.

→ ....

c. Elle a rencontré le frère du **banquier** ; c'est un ami.

→ ....

d. Nous avons contacté des clients de **la banque** ; elle me paraît sérieuse.

→ ....

e. Elle a détruit les archives de **l'opération** ; l'opération pourrait être relancée.

→ ....

26■ Caractériser l'environnement sportif. Complétez.

Ex. : Voici les skis **avec lesquels** j'ai gagné le slalom.

Soirée photos souvenirs...

– Ça c'est la raquette .... j'ai gagné mon premier tournoi. Tu vois le ballon de football dédicacé, c'est un ballon .... s'entraînait l'équipe de France. Et la planche de surf, là, c'est la planche .... je suis le plus attaché. Tarifa, Hawaï, elle m'a suivi partout.
– Et ça, c'est quoi ?
– C'est le bateau .... je suis resté un mois sans mettre le pied à terre ; génial !
– Et cette voiture, tu l'as reconnue ?
– C'est la voiture .... je suis resté enfermé pendant une nuit, le système électrique entièrement bloqué !

écrit

27■ Le passé est-il pour vous important ? Quelle place faut-il lui réserver dans le présent ?

....

....

....

....

6 parler de la vie professionnelle

vocabulaire

28■ Trouvez les contraires.

*Ex. : au bureau ≠ **chez soi.***

a. diverger ≠ ....

b. responsable ≠ ....

c. maintenir ≠ ....

d. contrôler ≠ ....

e. autonome ≠ ....

f. diminution ≠ ....

g. traditionnel ≠ ....

h. manuel ≠ ....

29■ Pour ou contre ? Déterminez les différents avis exprimés ci-dessous.

	POUR	CONTRE
a. *Travailler chez soi :*		
1. Tout de suite !	☐	☐
2. Transformer sa maison en lieu de travail, jamais !	☐	☐
b. *Emporter du travail :*		
1. Le week-end, c'est sacré !	☐	☐
2. Le bureau : il y a une vie après...	☐	☐
c. *L'autonomie :*		
1. La meilleure façon de bien travailler.	☐	☐
2. Et comment on contrôle le travail ?	☐	☐
d. *Les 35 heures par semaine :*		
1. Vive le temps libre !	☐	☐
2. Et pourquoi pas la retraite à 50 ans ?	☐	☐

grammaire

30■ Exprimer son opinion et ses doutes. Complétez.

*Ex. : Les réunions trop proches : **Je ne pense pas que les réunions soient trop proches.***

a. Beaucoup de clients mécontents :

Je crois que ....

b. Des délais de fabrication trop longs :

Je trouve que ....

c. Des processus de fabrication inadaptés :

Je ne pense pas que ....

d. Des concurrents organisés autrement :

J'imagine que ....

e. Une bonne idée : embaucher de nouveaux collaborateurs :

Je ne suis pas sûr que ....

écrit

31■ Êtes-vous pour le travail au bureau ou pour le travail chez soi ? Donnez vos raisons.

....

....

....

....

....

....

1 indiquer les circonstances d'une action

vocabulaire

1■ Nommer. Faites comme dans l'exemple.

*Ex. : expérimenter : **une expérience.***

a. chercher : ....

b. découvrir : ....

c. publier : ....

d. inventer : ....

e. mettre au point : ....

f. réaliser : ....

g. concevoir : ....

2■ Associez.

a. Expérimenter

b. Chercher

c. Découvrir

d. Publier

e. Mettre au point

f. Réaliser

1. des phénomènes.

2. des expériences.

3. des essais.

4. des solutions.

5. des résultats.

6. des techniques.

grammaire

3■ Transformez.

Ex. : Il travaille et en même temps il écoute la radio.
→ ***Il travaille en écoutant la radio.***

a. Il a conçu l'objet et en même temps il a réalisé l'expérience.

→ ....

b. Ils ont cherché un nouveau dispositif et en même temps ils ont discuté des expériences.

→ ....

c. Elle a mis au point l'expérience et en même temps elle a fait de nouveaux essais.

→ ....

d. Elle a cherché d'autres solutions et en même temps elle a découvert d'autres phénomènes.

→ ....

e. Elle a fait connaître son travail et en même temps elle a publié les résultats.

→ ....

4■ Dites la même chose en remplaçant par « quand », « si » ou « parce que ».

Ex. : En passant le concours, tu deviendras fonctionnaire.
→ ***Si tu passes le concours,*** *tu deviendras fonctionnaire.*

a. En réglant la facture, j'ai vu que ce n'était pas le bon modèle.

→ ....

b. En cherchant le consensus, il n'obtiendra rien.

→ ....

c. En devenant abonné, nous avons pu bénéficier de tous les avantages.

→ ....

d. En refusant les prévisions, il a tout perdu.

→ ....

5 ■ Reformulez en utilisant le gérondif.

a. C'est un homme qui conduit la nuit.

Il roule vite, il ne fait pas assez attention. Il ne fait pas assez attention, il ne voit pas le danger. Il ne voit pas le danger, il manque le virage et tombe dans la rivière.

En roulant vite, ...

....

....

b. Les consommateurs ont vu la publicité.

Ils vont au magasin, ils veulent acheter le nouveau produit. Ils veulent acheter le nouveau produit, ils font confiance à la publicité. Ils font confiance à la publicité, ils ne regardent pas la composition du produit.

En allant au magasin, ...

....

....

écrit

6 ■ Carrière ou vie professionnelle, il faut parfois choisir. Peut-on concilier les deux ? Donnez vos arguments.

....

....

....

....

....

2 faire une chronologie

vocabulaire

7 ■ Si vous devez évoquer le temps à propos de :   **vous parlez de :**

a. la vie d'un artiste :   ***Les années***

b. un tableau ancien :   ....

c. l'histoire d'un pays :   ....

d. une course de vitesse :   ....

e. l'histoire d'une famille :   ....

f. du temps passé à travailler chaque jour :   ....

g. du temps libre en fin de semaine :   ....

h. du temps passé à dîner avec des amis :   ....

i. du temps d'une maternité :   ....

la génération – le week-end – le mois – les années – les siècles – la minute et la seconde – l'époque – l'heure – la soirée

8 ■ Dites le contraire.

a. Avant de te voir ≠ ....

b. Je viendrai tôt ≠ ....

c. Je suis en avance ≠ ....

d. Un an auparavant ≠ ....

e. L'année suivante ≠ ....

f. C'était le soir ≠ ....

grammaire

9■ Dites ce qui s'est passé avant.

a. Quand je suis rentré, elle (*laisser un message : bien arrivée*) ....

b. Je n'étais pas là car (*aller à un dîner d'affaires*) ....

c. Elle m'a rappelé pour dire (*accepter la proposition du client*) ....

d. Quand je l'ai retrouvé, on (*ne pas se voir depuis deux ans*) ....

e. En effet, l'année dernière, il n'était pas venu en vacances avec nous car (*finir d'écrire son livre*) ....

....

10■ Rétrospective. Complétez en mettant les verbes au temps voulu.

a. Négociation

mettre au point / réussir

Quand nous .... le projet, nous n' .... pas .... à réunir tous les partenaires nécessaires.

négocier / choisir

Nous .... durement car .... de nous associer avec nos concurrents.

b. Accident

avoir / partir

Quand nous .... l'accident, nous (*partir*) .... très tard de chez nos amis.

pouvoir quitter / commencer

Nous n' .... la soirée car le dîner .... très tard.

c. Champion !

perdre / s'entraîner

Quand nous .... le match, nous ne .... pas assez ....

gagner / prendre

L'année dernière, nous .... parce que nous .... ce match au sérieux.

11■ Racontez ce qui s'est passé avant, à partir de la chronologie ci-après.

2002	Juin 1955	Novembre 1957	Janvier 1958
Yves Saint Laurent fête les quarante ans de sa maison de couture et annonce qu'il met fin à son activité.	Yves Saint Laurent entre comme assistant chez Christian Dior.	Il est désigné pour remplacer Christian Dior qui est mort subitement.	Il signe sa première collection et triomphe avec la fameuse ligne « trapèze ».

Décembre 1961	Janvier 1962	1968	1983
Il présente sa première robe griffée «YSL».	Il organise le premier défilé de sa maison de couture.	Coco Chanel le désigne comme son héritier spirituel.	Première exposition au Metropolitan Museum de New York.

Ce jour-là, la presse ne parlait que de ça : la veille, Yves Saint Laurent avait annoncé qu'il mettait fin à son activité. Quarante ans auparavant ....

....

....

....

....

....

....

écrit

12■ Est-ce que la science est pour vous toujours synonyme de progrès ? Pensez à la découverte de Marie Curie sur le radium, découverte qui est à l'origine à la fois de la bombe nucléaire, des traitements contre le cancer et de la production d'énergie électrique.

....

....

....

....

....

3 connaître l'histoire de France

vocabulaire

13■ Nommez des actions.

*Ex. : gouverner : **le gouvernement.***

a. prendre le pouvoir : ....

b. jurer : ....

c. exiler : ....

d. voter : ....

e. migrer : ....

f. organiser : ....

g. réunir : ....

14■ Avant ou après ?

	AVANT	APRÈS
a. les Francs / les Gaulois :	☐	☐
b. le roi / l'empereur:	☐	☐
c. la Révolution / l'Empire :	☐	☐
d. le royaume / l'État :	☐	☐
e. le drapeau bleu blanc rouge / le drapeau blanc à fleur de lys :	☐	☐

15■ Classez les mots suivants.

un candidat – la région – l'administration – le vote – la Bourse – les employés – la commune – le département – le député – le défilé – les actionnaires – les ouvriers – le préfet – les fonctionnaires – la paix – la guerre – le chômage – l'entreprise

a. L'organisation de l'État : ....

b. La gestion de l'État : ....

c. L'économie et le social : ....

d. La vie politique : ....

e. L'armée : ....

16■ À quels événements font penser ces lieux ?

a. Versailles : ....

b. la Bastille : ....

c. Verdun : ....

d. la Normandie : ....

e. le Louvre : ....

la Révolution française – la guerre de 1914-1918 – le siècle de Louis XIV – la Renaissance – le débarquement

grammaire

17■ Situer dans le temps. Conjuguez les verbes.

C'était le 13 juillet 1789, ils (*manifester*) .... toute la journée ; le lendemain, ils (*prendre*)
.... la Bastille.

Quelques semaines avant l'événement, les députés (*jurer*) .... de ne pas se séparer avant
d'avoir donné une constitution à la France.

Un an auparavant, les premières révoltes (*apparaître*) .... à l'occasion de la réunion du
parlement de la région de Grenoble.

Et plusieurs années auparavant, il y (*avoir*) .... une grande famine. Tout cela (*créer*)
.... une situation difficile.

Au printemps 1788, le roi (*annoncer*) .... la réunion des états généraux et les Français lui
(*décrire*) .... dans des cahiers de doléances tout ce qui (*ne pas aller*) ....
Mais le roi n'(*être*) .... bien informé par ses conseillers des malheurs du peuple de France. C'est
ainsi que la Révolution (*éclater*) .... Le peuple (*fatiguer*) .... de ne pas être
entendu.

écrit

18■ Pensez-vous qu'il faille accorder beaucoup d'importance à l'histoire et au passé ? Dites pourquoi.

....
....
....
....
....

4 rapporter des paroles passées

vocabulaire

19■ Nommez les façons de communiquer.

*Ex. : répéter : **la répétition**.*

a. raconter : ....

b. confirmer : ....

c. avouer : ....

d. reprocher : ....

e. surprendre : ....

f. justifier : ....

g. proposer : ....

h. mettre en garde : ....

i. objecter : ....

20■ À quel type de communication avez-vous affaire dans les cas suivants ?

*Ex. : Quoi, il s'en va ! → **surprise**.*

a. Alors, comment s'est passé la réunion ? → ....

b. Attention, il y a de la concurrence, ce n'est pas gagné d'avance... → ....

c. Ils ne peuvent quand même pas le choisir, il n'a jamais rien joué d'intéressant... → ....

d. Je voudrais comprendre pourquoi il attire tout le monde... → ....

e. Je suis d'accord avec toi pour dire qu'il n'est pas bon. Mais la séduction, c'est sa force :

→ ....

f. J'ai compris, tu ne m'as pas défendu ! → ....

g. Comment peux-tu dire une chose pareille ? → ....

h. Si, mais ce n'est pas suffisant, il va falloir s'y prendre autrement. → ....

le reproche − la mise en garde − la demande d'explication − la demande d'information − la justification − la proposition − le mécontentement − l'objection

grammaire

21 ■ Rapporter des paroles. Mettez ce texte au discours rapporté.

– Ça va ce soir ?

– Oui, ça va.

– Tu es sûr que ça va ?

– Oui, je t'assure, vraiment. Tu sais, la journée a été très longue pour moi ; j'ai dû répondre à beaucoup de questions ; ils ne m'ont pas laissé une minute tranquille. J'ai vécu un véritable enfer... Oui, en fait, je n'osais pas te le dire, mais je suis épuisé.

– Et ça recommence quand ? Ça se passera toujours au même endroit ?

– Hélas oui, demain, au même endroit.

– Prépare-toi bien, on m'a dit que ça allait être terrible.

Il demande si ça va ce soir... ....

....

....

....

....

....

....

22 ■ Exprimer des pensées. Mettez les verbes au temps qui convient.

*Ex. : **Comment ça va ?** - **Je crois que** ça ne va pas très bien.*

– Tu (*croire*) ················· que tu (*manger*) ················· quelque chose qui n' (*être*) ················· pas frais ?

– Je (*supposer*) ················· que oui.

– Je (*se souvenir*) ················· que je (*se sentir*) ················· mal après la soirée où on (*trop danser*) ·················

– Je (*penser*) ················· que tu (*devoir*) ················· aller voir un médecin. Ça (*être*) ················· mieux comme ça.

écrit

23 ■ Qu'est-ce qui vous paraît préférable : réussir par le mérite ou réussir par le réseau de ses relations ? Justifiez votre réponse.

....

....

....

....

....

....

5 parler d'éducation
vocabulaire

24■ Chassez l'intrus.

a. école primaire, école maternelle, collège

b. baccalauréat, licence, maîtrise

c. lycée général, institut de formation des maîtres, lycée technique

d. institut universitaire de technologie, institut universitaire professionnel, lycée professionnel

e. professeurs, lycéens, collégiens

f. École nationale d'administration, École polytechnique, université de la Sorbonne Nouvelle

25■ Vrai ou faux ?

	VRAI	FAUX
a. Les étudiants vont au collège.	☐	☐
b. Avec le bac on peut entrer à l'université.	☐	☐
c. Il est énarque, il a fait une grande école.	☐	☐
d. Après le lycée on entre au collège.	☐	☐
e. Les professeurs enseignent au lycée.	☐	☐
f. Les élèves des instituts universitaires de technologie deviennent ingénieurs.	☐	☐
g. L'école maternelle est obligatoire.	☐	☐
h. L'école privée est gratuite.	☐	☐

26■ Qualités et défauts. Trouvez les contraires.

*Ex. : travailleur ≠ **paresseux.***

a. mauvais ≠ . . . .

b. attentif ≠ . . . .

c. discipliné ≠ . . . .

d. doué ≠ . . . .

e. timide ≠ . . . .

f. réfléchi ≠ . . . .

27■ Faites correspondre commentaires et appréciations.

a. Devoir bien construit, vous maîtrisez parfaitement votre sujet et votre point de vue ne manque pas d'originalité.

. . . .

b. Visiblement, vous n'avez pas travaillé.

. . . .

c. Quelques passages intéressants ne sauvent pas l'ensemble.

. . . .

d. Vous êtes passé à côté de ce qu'on vous demandait.

. . . .

e. Très bon devoir, vous avez bien compris le sujet.

. . . .

f. Tout cela n'est pas organisé, on ne voit pas très bien où vous voulez en venir.

. . . .

très bien – très mal – nul – médiocre – excellent – mauvais

grammaire

28■ Dix conseils pour devenir bon élève. Faites comme dans l'exemple.

Ex. : Être travailleur → **Soyez travailleur !**

a. Être discipliné → ....

b. Être attentif pendant les cours → ....

c. Éviter d'être bruyant → ....

d. Bien apprendre ses leçons → ....

e. Faire attention aux livres → ....

f. Rendre ses devoirs à l'heure → ....

g. Écrire correctement → ....

h. Informer le professeur de son absence → ....

29■ Conditions pour réussir l'école. Transformez les phrases comme dans l'exemple.

Ex. : Bien travailler pour passer facilement en classe supérieure.
→ **S'il travaillait bien, il passserait facilement en classe supérieure.**

a. Être plus attentif en classe pour avoir de meilleures notes.

→ Si vous ....

b. Travailler plus régulièrement pour mieux réussir aux examens.

→ Si tu ....

c. Relire systématiquement ses cours pour mieux suivre les nouvelles leçons.

→ Si elle ....

d. Être moins distrait pour pouvoir rendre ses devoirs à l'heure.

→ Si vous ....

e. Parler de ses difficultés avec ses parents pour éviter les discussions difficiles en fin de trimestre.

→ Si tu ....

écrit

30■ On pense souvent que l'école a la responsabilité complète de la réussite des enfants. Êtes-vous d'accord avec cette idée ? Dites pourquoi.

....

....

....

....

....

6 apprendre le vocabulaire

vocabulaire

31■ À partir des verbes, trouvez les noms correspondants et classez-les.

a. « -eur / -euse » : *moqueur,* ....

b. « -teur / -trice » : ....

c. « -ant / -ante » : ....

protéger – moquer – résister – conserver – démolir – habiter – conduire – explorer – entraîner – dénoncer – casser – pratiquer – copier – élire – tuer – organiser – relier – commenter – voter

32■ Exprimer le contraire, une opposition.

*Ex. : faire ≠ **défaire**.*

a. tromper ≠ ....

b. hériter ≠ ....

c. composer ≠ ....

d. passer ≠ ....

e. croître ≠ ....

f. régler ≠ ....

g. construire ≠ ....

h. orienter ≠ ....

33■ Avec « re- » placé devant le verbe, on exprime souvent une répétition.

*Ex. : venir : **revenir**.*

a. construire : ....

b. assurer : ....

c. lier : ....

d. appeler : ....

e. copier : ....

f. essayer : ....

g. demander : ....

h. inscrire : ....

34■ Avec les adjectifs suivants, formez des contraires en « im- », « il- », « in- » ou « ir- ».

*Ex. : moral ≠ **immoral**.*

a. efficace ≠ ....

b. réfléchi ≠ ....

c. mortel ≠ ....

d. utile ≠ ....

e. prévisible ≠ ....

f. régulier ≠ ....

g. discret ≠ ....

h. puissant ≠ ....

i. logique ≠ ....

j. réaliste ≠ ....

35■ Nommer une qualité. À partir de l'adjectif, composez des noms en « -té » ou en « -ence ».

*Ex. : léger : **la légèreté**.*

*excellent : **l'excellence**.*

a. difficile : ....

b. compétent : ....

c. responsable : ....

d. varié : ....

e. rare : ....

f. indépendant : ....

g. célèbre : ....

h. nul : ....

36■ À partir du verbe, exprimez la possibilité d'une action.

*Ex. : boire : **buvable**.*

*lire : **lisible**.*

a. noter : ....

b. voir : ....

c. avouer : ....

d. élire : ....

e. construire : ....

f. concevoir : ....

g. adorer : ....

h. détruire : ....

Les épreuves orales de ces pages sont à faire en classe avec votre professeur : les documents sonores se trouvent dans les cassettes collectives de *Campus* et les séquences vidéo se trouvent sur la vidéo de *Campus*.

Compréhension de l'oral

1 **Écoutez le dialogue et cochez la bonne réponse.** *(enregistrement, page 95, scène B)*

a. Les cours obligatoires sont :

☐ Du lundi au vendredi, tous les matins.

☐ Du lundi au samedi.

☐ Du lundi au samedi, tous les matins.

b. Les cours option ont lieu :

☐ Le matin.

☐ En début d'après-midi.

☐ En fin d'après-midi.

c. Si vous êtes inscrit à un cours option, vous devez y assister.

☐ Vrai.   ☐ Faux.   ☐ On ne sait pas.

2 **Écoutez le dialogue et cochez la bonne réponse.** *(enregistrement, page 102, n° 5)*

a. Thomas va :

☐ Garder cet article.

☐ Demander un autre article en échange.

☐ Renvoyer cet article.

b. Thomas a commandé un article de couleur :

☐ Noire.   ☐ Bleue.   ☐ On ne sait pas.

c. Thomas a reçu un cadeau avec sa commande.

☐ Vrai.   ☐ Faux.   ☐ On ne sait pas.

d. Thomas a payé son article :

☐ 500 €   ☐ 510 €   ☐ 520 €

3 **Regardez la vidéo et répondez en cochant ou en écrivant la bonne réponse.** *(Unité 9, Citoyen du monde)*

a. Comment s'appelle l'homme interviewé ? ....

Quel est son nom d'artiste ? ....

b. Est-il ?

☐ Chanteur-compositeur.   ☐ Artiste-chanteur.   ☐ Auteur-compositeur.

c. Il a fait ses études :

☐ À Paris.   ☐ À Bordeaux.   ☐ Dans beaucoup de pays du monde.

d. Il est revenu en France pour :

☐ Être professeur de français.

☐ Chanter.

☐ Travailler dans une agence de publicité.

e. Combien de langues parle-t-il ? ....

Lesquelles ? ....

f. Comment se définit-t-il ? ....

Production orale

Étape 1

Présentez votre professeur de français.

Étape 2

À deux, parlez de votre meilleur souvenir de voyage.

Étape 3

Vous voulez acheter un téléphone portable pour votre petit(e) ami(e). Il/elle souhaite avoir les options photos, MMS et WAP. Imaginez le dialogue avec le vendeur/la vendeuse d'un grand magasin.

Compréhension des écrits

1 **Lisez le mode d'emploi et répondez en cochant ou en écrivant la bonne réponse.**

Mode d'emploi du téléphone Philips MX 73

Messages reçus :

Vous pouvez écouter vos anciens et nouveaux messages à partir du téléphone.

L'écran indique s'il y a 1 ou plusieurs messages.

Appuyez sur OK pour voir.

Le message est automatiquement diffusé.

Ajouter un nom dans le répertoire :

Appuyer sur OK.

Faites défiler jusqu'à *Répertoire* et appuyer sur OK pour valider.

Faites défiler jusqu'à *Ajouter* et appuyer sur OK pour valider.

Entrez le numéro et appuyer sur OK.

Entrez le nom et appuyer sur OK.

a. Vous pouvez écouter tous les messages.

☐ Vrai.   ☐ Faux.

b. Que faut-il faire pour voir les messages ? ....

c. Qu'est-ce que l'écran indique ? ....

d. Pour ajouter un nom, il faut appuyer sur OK à chaque opération.

☐ Vrai.   ☐ Faux.

e. Le nom est entré :

☐ Avant le numéro.   ☐ Après le numéro.   ☐ En même temps.

2 **Lisez l'article et répondez en cochant ou en écrivant la bonne réponse.**

Nantes retrouve Jules Verne

Le voile se lèvera, mercredi, sur le nouveau musée Jules-Verne à Nantes, après dix mois de travaux, qui ont tenu les visiteurs à l'écart en pleine année… Jules Verne. Une réouverture entourée du plus grand secret, même si l'on sait que le musée new-look fera largement appel aux nouvelles technologies et présentera des effets personnels de l'écrivain, donnés à la ville par son petit fils : 400 livres, des tableaux, une mèche de l'écrivain ou encore une plaque du « Nautilus ». Des pièces qui viennent compléter la collection que Nantes a acquise ces dernières années, comme le globe de l'écrivain, des pièces de son mobilier et de nombreux manuscrits. Créé en 1978, à l'occasion du 150ᵉ anniversaire de la naissance de l'écrivain, le musée de Nantes est situé dans l'ancienne maison familiale de Jules Verne, sur la butte Sainte-Anne, qui domine la Loire et le port. Aujourd'hui, les manuscrits de 98 romans ou nouvelles, écrits par Jules, ont été acquis par la ville.

Aujourd'hui, 17/10/05.

a. L'article parle :

☐ De l'année Jules Verne. ☐ Du secret Jules Verne. ☐ Du nouveau musée Jules Verne.

b. Où se trouve le musée à Nantes ? ....

c. Quand le premier musée a-t-il été créé ? ....

d. Quand Jules Verne est-il né ? ....

e. Combien de manuscrits la ville a-t-elle achetés ? ....

3 **Lisez le document et répondez en cochant ou en écrivant la bonne réponse.**

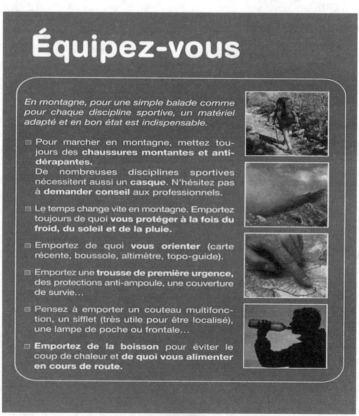

Équipez-vous

En montagne, pour une simple balade comme pour chaque discipline sportive, un matériel adapté et en bon état est indispensable.

☐ Pour marcher en montagne, mettez toujours des **chaussures montantes et anti-dérapantes**.
De nombreuses disciplines sportives nécessitent aussi un **casque**. N'hésitez pas à **demander conseil** aux professionnels.

☐ Le temps change vite en montagne. Emportez toujours de quoi **vous protéger à la fois du froid, du soleil et de la pluie**.

☐ Emportez de quoi **vous orienter** (carte récente, boussole, altimètre, topo-guide).

☐ Emportez une **trousse de première urgence**, des protections anti-ampoule, une couverture de survie…

☐ Pensez à emporter un couteau multifonction, un sifflet (très utile pour être localisé), une lampe de poche ou frontale…

☐ **Emportez de la boisson** pour éviter le coup de chaleur et **de quoi vous alimenter en cours de route**.

a. De quel type de document s'agit-il ?

       ☐ Un guide touristique.   ☐ Une publicité.   ☐ Une brochure informative.

b. Dans ce document, on donne au lecteur :

       ☐ Des informations.   ☐ Des conseils.   ☐ Des ordres.

c. Quel type de chaussures pouvez-vous mettre en montagne ? ....

d. Contre quoi devez-vous vous protéger ? ....

e. En montagne, il faut emporter de quoi boire et s'alimenter.

       ☐ Vrai.   ☐ Faux.   ☐ On ne sait pas.

Production écrite

1 **Vous devez effectuer un stage en entreprise à Lyon. Vous avez trouvé un studio à louer. Des amis vous ont aidé(e) à emménager. Racontez comment la journée s'est passée. Écrivez un texte de 60 à 80 mots.**

....

....

....

....

....

....

....

....

....

....

....

....

....

....

....

....

2 **Vous êtes installé(e) dans votre studio. Vous envoyez une lettre pour remercier vos amis de l'aide qu'ils vous ont apportée. Votre lettre comportera entre 60 et 80 mots.**

....

....

....

....

....

....

....

....

....

....

....

....

....

....

1 parler du hasard et des jeux

vocabulaire

1 ■ Trouvez le contraire.

a. gagner ≠ ....
b. réussir ≠ ....
c. éliminer ≠ ....
d. être chanceux ≠ ....

e. diminuer ≠ ....
f. prendre ≠ ....
g. jouer ≠ ....

2 ■ Où peut-on entendre ou lire les expressions suivantes ?

a. « Faites vos jeux, les jeux sont faits, rien ne va plus ! » : ....

b. « Si on ne peut pas tricher avec ses amis, ce n'est pas la peine de jouer aux cartes. » : ....

c. « Il faut systématiquement explorer le hasard. » : ....

d. « Quand on n'a rien à perdre, on a tout à gagner. » : ....

e. « Si vous avez perdu au tiercé, vengez-vous, mangez du cheval ! » : ....

sagesse populaire – partie de carte – slogan de Mai 1968 – autour d'une table de jeux au casino – publicité d'une boucherie

grammaire

3 ■ Complétez avec « n'importe qui », « quand », « quoi », « où », « lequel / laquelle ».

Ex. : Quand veux-tu venir ?

   *– **N'importe quand,** ça m'est égal.*

a. Où souhaites-tu qu'on se voie ?
– ...., comme ça t'arrange.
b. Quel jour te convient le mieux ?
– ...., je suis libre tous les jours.
c. Avec qui voudrais-tu dîner ?
– ...., mais qu'il soit drôle !
d. Qu'est-ce que tu aurais envie de faire après ?
– ...., mais surtout ne pas aller me coucher.

4 ■ Ni l'un, ni l'autre. Dites-le autrement avec « ni ... ni ».

Ex. : Je n'aime pas jouer aux cartes ; je n'aime pas jouer aux échecs.
→ **Je n'aime jouer ni aux cartes ni aux échecs.**

a. Où aimerais-tu aller ?
– Je n'ai pas envie d'aller au théâtre ; je n'ai pas envie d'aller au cinéma.

→ ....
b. On choisit quoi ?
– On ne va pas au restaurant chinois ; on ne va pas au restaurant thaï.

→ ....
c. Alors, les vacances, tu as décidé ?
– Je n'irai pas à la mer ; je n'irai pas à la montagne.

→ ....
d. Qui est-ce que tu aimerais voir ?
– Je ne veux pas voir Valentin ; je ne veux pas voir Alexis.

→ ....
e. Vous prenez quel sac ?
– Je ne prends pas le vert ; je ne prends pas le rose.

→ ....

écrit

5■ Que pensez-vous d'une société comme la société française qui encourage les jeux de hasard ?

. . . .
. . . .
. . . .
. . . .
. . . .

2 parler des sports

vocabulaire

6■ Associez.

a. Perdre . . . .

b. Battre . . . .

c. Détenir . . . .

d. Disputer . . . .

e. Participer à . . . .

f. Courir . . . .

g. Encourager . . . .

h. Marquer . . . .

i. Dépasser . . . .

j. Montrer . . . .

un record – un tournoi – son enthousiasme – des points – l'équipe adverse – un match – son adversaire – le 100 mètres – la partie – son équipe préférée

7■ Chassez l'intrus.

a. football, rugby, basket
b. balle, ballon, filet
c. athlétisme, golf, volley
d. piscine, court, saut
e. joueur, cavalier, arbitre
f. vainqueur, disputer, victoire
g. raquette, boule, épée
h. judo, karaté, jogging
i. surf, roller, voile
j. pétanque, ski, patinage

8■ Faites des titres à partir des phrases suivantes.

*Ex. : Marseille **battu** à Paris. → **Défaite de Marseille à Paris.***

a. Plus de cent mille coureurs ont **participé** au marathon.

→ . . . .

b. Lyon **gagne** largement contre Monaco.

→ . . . .

c. Les deux équipes **se sont battues** avec passion.

→ . . . .

9 ■ Qu'est-ce qu'ils expriment ?

a. On a gagné ! On a gagné ! ....

b. C'est vrai, je n'ai pas su revenir dans le match. ....

c. La saison de l'écurie Rapido nous semble bien compromise. ....

d. On les aura ! ....

e. Si nous restons bien concentrés, nous devrions gagner. ....

pessimisme – déception – confiance – enthousiasme – optimisme

grammaire

10 ■ Complétez ce portrait.

David Douillet, fils, frère, copain préféré des Français.

Champion du monde de judo, deux fois médaillé d'or en 1996 et 2000 aux jeux Olympiques, David Douillet *(entrer)* .... depuis dans le dictionnaire le *Petit Robert.* Et puis il *(sacrer)* .... personnalité préférée des Français : c'est ainsi qu'au top 50 des personnalités les plus aimées il *(rejoindre)* .... Zinedine Zidane, le commandant Cousteau et l'indémodable abbé Pierre.

L'Unesco, enfin, *(faire)* .... de lui son champion pour la jeunesse.

Malgré tous ces honneurs, toute cette gloire, David Douillet n'*(oublier)* .... jamais d'où il *(venir)* .... Ses grands-parents qui l'*(élever)* .... *(être)* .... cultivateurs en Normandie ; sa mère *(vivre)* .... en Suisse et il n' *(connaître)* .... son père qu'une fois devenu adulte.

La suite *(être)* .... celle d'un type hors du commun (1,96 m, 130 kg) qui *(devenir)* .... le judoka le plus titré de l'histoire du judo.

écrit

11 ■ Le sport doit-il être d'abord une compétition ou surtout un spectacle ? Justifiez votre point de vue.

....
....
....
....
....

3 décrire des mouvements
vocabulaire

12 ■ De l'adjectif au verbe.

*Ex. : parfait : **parfaire.***

a. désert : ....

b. content : ....

c. inquiet : ....

d. fragile : ....

13 ■ Caractérisez. (Il peut y avoir plusieurs réponses.)

a. une forme : ....

b. une vue : ....

c. une route : ....

d. un torrent : ....

e. un ruisseau : ....

f. un itinéraire : ....

bucolique – étonnant – dangereux – recommandé – imprévisible – spectaculaire

14■ Des verbes de mouvement qui deviennent des expressions imagées.

*Ex. : tourner **en dérision**.*

a. Suivre ....

b. Dépasser ....

c. Se perdre ....

d. Monter ....

e. Sauter ....

en épingle – les bornes – sa pente – en explications – dans l'inconnu

15■ Rapprochez les expressions imagées de l'exercice 14 des expressions ci-dessous.

*Ex. : Exagérer = **monter en épingle.***

a. Ne pas convaincre = ...

b. Prendre des risques = ...

c. Ne pas contredire sa personnalité = ...

d. Se moquer = ...

e. Chercher le conflit = ...

grammaire

16■ Caractérisez autrement.

Promenade à la Butte-aux-Cailles.

*Ex. : La Butte-aux-Cailles est une colline **haute** de 64 mètres.* → ***La Butte-aux-Cailles est une colline qui s'élève à 64 mètres.***

a. La Petite Alsace est aussi **le nom donné** à la cité Daviel **à cause de l'édification** d'une série de pavillons à colombages **autour d'**une petite cour pleine d'arbres et de verdure.

→ ....

....

b. Au croisement de la rue Michal, vous apercevrez de nombreuses maisonnettes qui font le charme du quartier.

→ ....

....

c. Prendre la rue Liard, **en pente descendante et située le long de** la Petite Ceinture aux talus couverts d'une végétation luxuriante.

→ ....

....

écrit

17■ Décrivez votre promenade préférée.

....

....

....

....

....

4 commenter un voyage

vocabulaire

18 ■ Satisfaction ou insatisfaction ?

	SATISFACTION	INSATISFACTION
a. Les vacances en groupe, jamais plus !	☐	☐
b. Les animateurs sont sympas : tu parles !	☐	☐
c. Ah ! j'aurais aimé ne jamais revenir...	☐	☐
d. Deux heures d'embouteillage pour aller à la plage...	☐	☐
e. La prochaine fois, c'est le Sahara !	☐	☐
f. Incroyable la gentillesse de ces gens ! Ils nous ont offert leur simplicité, comme ça.	☐	☐

19 ■ Qui va où ?

1   2   3   4   5

Quelle publicité intéressera :

a. un passionné d'architecture ? ....

b. un photographe amateur de panoramas ? ....

c. un amateur d'histoire ? ....

d. un adolescent de 13 ans ? ....

e. un passionné des sciences et des techniques ? ....

20 ■ Trouvez les synonymes.

a. le plus fantastique des voyages : ....

b. des attractions exceptionnelles : ....

c. un spectacle endiablé : ....

d. des images à vous couper le souffle : ....

e. des décors irréels : ....

unique – incroyable – magique – stupéfiant – au rythme trépidant

grammaire

21■ Demandez une information, un renseignement selon les situations.

a. Vous avez perdu votre voiture ; vous cherchez le commissariat.

....

....

b. Vous appelez le centre de réservation hôtelière pour trois nuits à Cannes : vous précisez les conditions (au bord de la mer, pas trop cher, avec un garage).

....

....

c. Vous voulez faire une randonnée en montagne le lendemain. Vous vous informez sur les prévisions météorologiques.

....

....

d. Vous souhaitez aller à Versailles visiter le château. Vous vous informez à l'agence de tourisme (heures d'ouverture ; moyens de transport ; types de visites ; langues des visites).

....

....

22■ Exprimez votre insatisfaction.

Ex. : *Faire savoir qu'on est mécontent du séjour.* **J'ai le regret de vous faire savoir que je suis très mécontent(e) de ce séjour.**

a. Ne jamais revenir à l'hôtel.

....

b. Ne plus faire travailler l'agence de voyages.

....

c. Rester à condition que les prix soient revus à la baisse.

....

d. Perdre définitivement comme client.

....

e. Connaître les raisons du mauvais état de la maison.

....

Je peux vous assurer que – Il est peu probable que je – Je doute que nous – Sachez que vous – J'aimerais

écrit

23■ Préférez-vous les voyages individuels ou les voyages organisés ? Dites pourquoi.

....

....

....

....

....

....

....

5 parler de musique

vocabulaire

24■ De l'adjectif à l'adverbe.

*Ex. : remarquable : **remarquablement** lumineux.*

a. efficace : .... orchestré.

b. simple : .... interprété.

c. idéal : .... chanté.

d. merveilleux : .... entouré.

e. exceptionnel : .... enregistré.

25■ De quoi, de qui parle-t-on quand on écrit, dans l'exercice 24 :

*Ex. : remarquablement lumineux : **un tableau.***

a. .... orchestré : ....

b. .... interprété : ....

c. .... chanté : ....

d. .... entouré : ....

e. .... enregistré : ....

mélodie – chanteur – CD – chanson – morceau de musique

26■ Deux critiques musicaux ne sont pas d'accord.

*Ex. : des mélodies trop complexes ≠ **trop simples.***

a. une orchestration éclatante ≠ ....

b. une musique sophistiquée ≠ ....

c. une voix lumineuse ≠ ....

d. une interprétation incomparable ≠ ....

e. une palette sonore infinie ≠ ....

f. une virtuosité époustouflante ≠ ....

27■ Test musical. Cochez la mauvaise définition.

a. *La Symphonie pastorale* est un film │ un livre │ une pièce de théâtre │ .

b. *Chantons sous la pluie (Singing in the Rain)* est un roman │ le titre d'une chanson │ .

c. *On connaît la chanson* est une chanson │ un film │ une expression qui signifie « on n'est pas étonné » │ .

d. *Les Maîtres chanteurs* sont un opéra │ le titre d'un roman policier │ .

e. *La Chanson de Roland* est une œuvre littéraire │ une mélodie de Ravel │ .

grammaire

28■ Utilisez les comparatifs et les superlatifs.

– On dit que c'est son .... disque depuis longtemps, c'est vrai ?

– Pour moi, c'est .... réussi : tous les choix artistiques sont parfaitement cohérents.

– C'est vrai qu'il lui était difficile de faire .... que le dernier : .... nul, tu ne trouves pas !

– Je trouve que tu exagères, il y a ....

– Mais il y a .... aussi.

– Enfin, moi je trouve que celui-ci est très bon.

– Ce qui signifie pour moi que c'est .... mauvais.

– Bon, on en reste là. Je crois que nous ne serons jamais d'accord.

Vivre ses loisirs

29■ Préférez-vous écouter la musique dans un club, en concert ou enregistrée ? Donnez vos raisons.

....

....

....

....

....

6 comprendre les récits

vocabulaire et grammaire

D
Nous étions à l'Étude, quand le Proviseur entra, suivi d'un nouveau habillé en bourgeois et d'un garçon de classe qui portait un grand pupitre. Ceux qui dormaient se réveillèrent, et chacun se leva comme surpris dans son travail.

C
La cigale ayant chanté tout l'été Se trouva fort dépourvue Quand la bise fut venue.

B
Lorsqu'avec ses enfants vêtus de peaux de bêtes Échevelé, livide au milieu des tempêtes Caïn se fut enfui de devant Jehovah Comme le soir tombait l'homme sombre arriva Au bas d'une montagne en une grande plaine.

E
La première fois que je me vis dans un miroir, je ris : je ne croyais pas que c'était moi. À présent, quand je regarde mon reflet, je ris : je sais que c'est moi. Et tant de hideur a quelque chose de drôle. Mon surnom arriva très vite. Je devais avoir six ans quand un gosse me cria, dans la cour : " Quasimodo ! " Fous de joie, les enfants reprirent en chœur : " Quasimodo ! Quasimodo ! "

A
Vers la fin du mois d'octobre dernier, un jeune homme entra dans le Palais-Royal au moment où les maisons de jeux ouvraient [...].
Sans trop hésiter, il monta l'escalier du tripot désigné sous le nom de numéro 36.

30■ Repérer les lieux.

a. Relevez dans les différents débuts de récit présentés ci-dessus toutes les notations de lieu.

....

....

b. Quel est le lieu le plus vaste ?

....

....

c. Quel est le lieu le moins étendu ?

....

....

31■ Repérer le temps.

a. Relevez les différentes façons de noter le temps. Notez les expressions qui évoquent :

– le moment : ....

– la durée : ....

– l'âge : ....

b. Relevez les verbes conjugués. Classez-les selon les temps grammaticaux dominants.

– imparfait : ....

– passé simple : ....

– passé antérieur : ....

– le plus employé est : ....

32■ Les personnages. Relevez :

a. leur nom : ....

b. leur métier : ....

c. leurs qualités physiques : ....

d. leurs qualités morales : ....

33■ a. Repérez qui voit les choses et les événements dans chacun des récits.

– un narrateur extérieur : ....

....

– le narrateur lui-même : ....

....

b. Repérez ensuite l'événement qui déclenche chaque récit.

A ....

B ....

C ....

D ....

E ....

c. Dans chacun de ces événements, quel est le temps utilisé ?

....

....

écrit

34■ Quel est le genre de roman que vous préférez ? Dites pourquoi, en vous appuyant sur les éléments qui ont été isolés : le temps, l'espace, les personnages, la qualité des récits (descriptifs, événementiels...), l'actualité des thèmes traités.

....

....

....

....

....

....

1 anticiper

vocabulaire

1 ■ Voici des verbes qui, à des degrés divers, contiennent l'idée d'anticipation. À quels domaines peuvent-ils être associés ?

a. soupçonner : *l'enquête.*

b. examiner : ....

c. expérimenter : ....

d. concevoir : ....

e. avertir : ....

f. craindre : ....

g. explorer : ....

h. parier : ....

la technique − les sciences − l'enquête − l'environnement − les jeux de hasard − la recherche − la sécurité − l'alimentation

2 ■ Formez des expressions avec chacun de ces verbes.

a. Examiner ....

b. Soupçonner ....

c. Expérimenter ....

d. Concevoir ....

e. Avertir ....

f. Explorer ....

g. Parier sur ....

une démarche − des difficultés − un protocole − un dossier − un témoin − les résultats − les possibilités

grammaire

3 ■ Transformez ces phrases en partant de l'événement le plus éloigné dans le futur.

Ex. : Christine arrive à 19 h. Je lui prépare un bon dîner. → **Quand Christine arrivera à 19 h, je lui aurai préparé un bon dîner.**

a. Dans un mois, nous signons le contrat puis nous commençons les travaux tout de suite.

→ ....

....

b. La semaine prochaine, vous rencontrez les associés puis nous établissons une stratégie.

→ ....

....

c. Après-demain, tu appelles le vendeur puis tu rédiges les conditions.

→ ....

....

d. Dans une heure, tu relis le texte de notre proposition puis tu viens nous rejoindre.

→ ....

....

e. Tu transmets le dossier puis nous partons annoncer la nouvelle à la conférence.

→ ....

....

4■ Exprimer la durée. Complétez avec « dans », « d'ici », « jusqu'à », « jusqu'à ce que ».

a. *Un défenseur de l'environnement présente sa stratégie :*

.... quelques jours, nous aurons une vision plus juste du projet.

.... à la fin du mois, il nous faudra examiner le texte.

.... que nous aurons terminé l'examen, nous travaillerons sur le plan d'action.

Il faut savoir qu'ils ont prévu de terminer les travaux .... six mois.

Nous devrons donc faire des pétitions, intervenir auprès du préfet .... il les arrête. Et le plus vite possible !

b. *Préparatifs de voyage...*

.... dix jours nous partirons. .... une semaine nous recevrons les billets.

.... notre départ, il nous reste beaucoup de choses à faire.

.... nous aurons le nom de l'hôtel, je téléphonerai.

Merci de t'occuper des plantes .... nous revenions.

écrit

5■ Développer et préserver, ces deux actions vous paraissent-elles conciliables ? Justifiez votre point de vue.

....
....
....
....
....
....
....
....

2 parler de la ville

vocabulaire

6■ Classez les mots suivants.

crèche – autobus – bar – supermarché – cinéma – voiture – piscine – banque – théâtre – tramway – école – bibliothèque – hôpital – métro – restaurant – salle de concert – salle de sport – bicyclette – clinique

a. Moyens de transport : ....

b. Services sociaux et éducatifs : ....

c. Commerces et services : ....

d. Équipements culturels et sportifs : ....

....

7■ Chassez l'intrus.

a. qualité de l'air, tri des déchets, bruit

b. clinique, banque, hôpital

c. piscine, gymnase, lycée

d. clinique, école, crèche

e. pistes cyclables, voies piétonnes, stades

f. discothèque, église, synagogue

g. bar, restaurant, mosquée

grammaire

8■ Améliorer la circulation en ville : rappeler ce qui a été fait et ce qui le sera. Complétez.

Améliorer la qualité de la vie en ville, c'est améliorer la circulation.
Des millions de véhicules traversent Paris tous les jours. Les difficultés de la circulation ne *(se résoudre)*
.... lorsque l'on *(élaborer)* .... un plan régional de transports
qui *(associer)* .... la ville et la banlieue.
Il *(importer)* .... alors de rendre plus supportable et plus fluide la circulation.
Des travaux *(entreprendre)* .... déjà : des pistes cyclables *(aménager)*
........................., on *(construire)* .... des couloirs réservés aux bus
et aux taxis ; des places de stationnement *(réserver)* .... aux cars et aux camions.
Le stationnement résidentiel *(privilégier)* .... : son prix *(baisser)*
.... de 50 % depuis le 1er janvier 2002.

9■ Exprimer la condition et le souhait. Complétez.

Pour faire une ville où l'on vit mieux :
a. Trois conditions :
On *(remplacer)* .... les voitures en stationnement sauvage par des arbres.
On *(promouvoir)* .... la convivialité par des animations de rue.
On *(restaurer)* .... les monuments qui témoignent de la splendeur du passé.
b. Trois souhaits :
Il faudrait qu'on *(valoriser)* .... le patrimoine immobilier qui révèle les évolutions de l'habitat
quotidien, qu'on *(mettre en place)* .... une collecte sélective des déchets, qu'on *(soutenir)*
.... l'action artistique et sociale en faveur des jeunes en difficulté.

écrit

10■ Faut-il que la ville s'adapte à l'automobile ou l'inverse ? Discutez ces propositions.

....
....
....
....
....
....

3 critiquer

vocabulaire

11 ■ Reconnaître le vocabulaire de la critique.

Quand je dis...	je fais ou j'exprime :
a. Vous nous avez pourtant assuré du contraire...	....
b. On devrait sans doute davantage consulter la population...	....
c. Cet aménagement est une horreur : quelle absence d'imagination ! De la mauvaise avant-garde !	....
d. Je suis d'accord avec toi, c'est raté ; mais quand même, la perspective est assez réussie.	....
e. Je trouve votre jugement injuste. L'important pour nous, c'était de respecter les volumes, les pleins, les vides...	....

f. Moi, ce que je vois, c'est que c'était un lieu architecturalement plein et que c'est devenu un lieu vide, pire, un trou ! ....

une appréciation – une précision – un reproche – une atténuation – un jugement – une suggestion

12■ Associez.

a. Faire ....

b. Donner ....

c. Apporter ....

d. Émettre ....

e. Suggérer ....

une appréciation – un jugement – une suggestion – une atténuation – une précision

grammaire

13■ Exprimer une impression. Faites comme dans l'exemple.

Ex. : Ils sont venus ; j'en suis contente. → **Je suis contente qu'ils soient venus.**

a. Le match n'aura pas lieu ; je le regrette.

→ ....

....

b. Ils ont participé à la compétition ; j'en suis heureuse.

→ ....

....

c. Elle ne chantera pas demain ; je le crains.

→ ....

....

d. Nous serons en retard ; j'en ai peur.

→ ....

....

e. Elle a tort ; je ne le pense pas.

→ ....

....

14■ Exprimer une action inachevée. Faites comme dans l'exemple.

Ex. : Finir son travail. → **Quand je reviendrai, il faut que tu aies fini ton travail.**

a. Régler le problème avant son départ.

→ Il est regrettable que vous ....

....

b. Aborder la question pendant la réunion.

→ C'est dommage que tu ....

....

c. Payer la note.

→ Quand je serai de retour, il faut que je ....

....

→ Je regrette qu'elle ....

e. Convaincre nos interlocuteurs.

→ C'est dommage que tu ....

15■ Exprimer une concession. Faites comme dans l'exemple.

Ex. : C'est vrai, les clients sont difficiles, mais ce n'est pas une raison pour ne pas bien les servir.
> → ***Bien que les clients soient difficiles, ce n'est pas une raison pour ne pas bien les servir.***

a. Certes, on trouve plus difficilement du travail, mais les gens ne veulent pas bouger.

....

....

b. C'est un fait que les jeunes n'ont pas le look des anciens dans l'entreprise, ils n'en sont pas moins créatifs.

....

....

c. On leur dit pourtant d'arriver à l'heure ; ils sont quand même en retard.

....

....

d. Les conditions de travail ont changé mais les risques d'accident sont toujours aussi nombreux.

....

....

écrit

16■ Choisissez un projet (une construction, un projet de route) et faites-en la critique. Vous devrez tour à tour porter un jugement, l'atténuer, faire des reproches, apporter des précisions sur la nature des reproches.

....

....

....

....

....

....

....

....

4 présenter une évolution

vocabulaire

17■ Associez les expressions à leur définition.

a. Conserve une partie de l'énergie du soleil : ....

b. Retient l'énergie du soleil : ....

c. Ce qui nous est donné, par exemple, l'eau : ....

d. L'industrie, les automobiles les rejettent dans l'atmosphère : ....

e. Ne dégagent pas de gaz à effet de serre : ....

les ressources naturelles – la couche de gaz – l'effet de serre – les carburants propres – les gaz à effet de serre

18■ Vrai ou faux ?

	VRAI	FAUX
a. Les déchets nucléaires ne sont pas radioactifs.	☐	☐
b. L'essence sans plomb est un carburant propre.	☐	☐
c. La couche d'ozone, c'est la couche de gaz qui retient la chaleur du soleil.	☐	☐
d. L'effet de serre, c'est le refroidissement de la planète.	☐	☐
e. L'énergie nucléaire est une énergie recyclable.	☐	☐

19■ Associez les mots qui parlent de la même chose.

a. le changement
b. le traitement
c. le réchauffement
d. l'écosystème
e. la défense de l'environnement
f. les Verts

1. le recyclage
2. la biodiversité
3. le bouleversement
4. l'écologie
5. le mouvement écologiste
6. l'effet de serre

3.a. ....

---

grammaire

20■ Constater des changements. Reformulez en utilisant de « plus en plus », « de moins en moins ».

Ex. : Augmentation du tri des ordures. → ***On trie de plus en plus les ordures.***

a. Augmentation du nombre de voitures de service qui fonctionnent à l'électricité.

→ ....
....

b. Baisse du nombre de voitures qui ne roulent pas à l'essence sans plomb.

→ ....
....

c. Remplacement dans les supermarchés des sacs en plastique par des sacs en papier.

→ ....
....

d. Succès des marchés biologiques où on trouve des produits non traités auprès d'une population nombreuse.

→ ....
....

e. Baisse de l'utilisation des emballages plastiques pour les liquides et retour des emballage en verre recyclable.

→ ....
....

écrit

21 ■ Préserver l'environnement, c'est possible : donnez sept conseils.

....
....
....
....
....
....
....

5 parler des sciences
vocabulaire

22■ Chassez l'intrus.

a. clonage, transplantation, recréation

b. démographie, démocratie, population

c. mondialisation, globalisation, adaptation

d. miniaturisation, multiplication, réduction

e. fabrication, manipulation, modification

f. virtuel, programmé, simulé

23■ Associez les mots et les domaines d'application.

*Ex. : clonage : **l'être humain.***

a. mondialisation : ....

b. miniaturisation : ....

c. manipulation : ....

d. virtualité : ....

les objets − le réel − l'économie − les êtres vivants

24■ Nommer l'action. Faites comme dans l'exemple.

*Ex. : fabriquer : **fabrication.***

a. inspirer : ....

b. atteindre : ....

c. innover : ....

d. gagner : ....

e. programmer : ....

f. modifier : ....

g. concevoir : ....

25■ Quand le langage quotidien emprunte le langage de la science et de la technique... Associez les expressions qui ont le même sens.

Ex. : Ça y est, il a encore planté. → ***L'ordinateur s'est arrêté.***

a. T'as vu les clones ! → ....
....

b. T'es complètement dans le cosmos ! → ....
....

c. T'as vu le cratère ! → ....
....

d. Dis donc, quelle bombe ! Wouahhh... → ....
....

e. Les flics, on les calcule pas, OK ? → ....
....

Tu rêves ! − Ils sont habillés pareil. − On ne les regarde pas ! − Superbe, la fille ! − Il a une drôle de tête !

Construire l'avenir

26■ Futur ou conditionnel ?

En 2010, la population de la planète (*pouvoir*) .... atteindre 10 milliards d'habitants.

Avec la mondialisation, les économies nationales (*être obligé de*) .... s'ouvrir à la concurrence.

Si elles (*vouloir*) .... survivre, elles (*devoir*) .... innover.

Si on ne réglemente pas le clonage, des manipulations dangereuses pour l'homme (*pouvoir*) ....

se produire. En tout cas, elles (*être*) .... à prévoir.

Comme dans le film *Le Voyage fantastique*, avec la miniaturisation on (*être capable de*) ....

envoyer dans le corps des caméras exploratoires ; on (*pratiquer*) .... des opérations à distance ;

on (*implanter*) .... des microsystèmes.

Et si demain le monde réel (*ressembler*) .... au monde virtuel ? Que (*devenir*)

.... nos repères dans l'espace et dans le temps ? Comment nous (*se comporter*)

.... avec ces autres images de nous-mêmes ? Quel pouvoir (*s'établir*) .... entre

ces deux mondes ?

écrit

27■ Voici ce que le mot « avenir » a inspiré à Nicolas :

« Dans l'avenir, je vois la planète peuplée de gens malheureux, des voitures nucléaires, des femmes portant des robes plastifiées, des tremblements de terre toutes les deux heures. Nous serons tous au chômage à cause des robots. »

Et vous, que vous inspire-t-il ?

....

....

....

....

....

....

....

....

6 parler de la nourriture

vocabulaire

28■ Regroupez les mots par catégorie.

un poulet – un morceau – du poisson – une cuillerée – casser – ajouter – une pincée – des carottes –
un demi-litre – de la salade – quelques gouttes – des cèpes – des œufs – du fromage – couper – un bol – une
cocotte – parfumer – du sel – un saladier – une cuillère – replier – battre – de l'ail –
du persil – un plat – 150 grammes – un peu de… – du poivre – de l'ail – un verre de – verser – une poêle

a. Les produits : ....

b. Les ustensiles : ....

c. Les opérations : ....

d. Les quantités : ....

29 « à » ou « de » : utilisez la bonne préposition.

*Ex. : Une tarte avec des pommes : **Une tarte aux pommes.***

a. une glace avec de la vanille : ....

b. un confit à base d'oie : ....

c. un gratin avec des pommes de terre : ....

d. une salade avec des fruits : ....

e. des tomates comme en Provence : ....

f. un poisson comme au Pays basque : ....

g. une tarte avec de la crème : ....

30 Caractérisez ces plats. Éliminez les expressions qui ne conviennent pas.

a. Une tarte	au fromage	aux fruits	à la salade	au chocolat
b. Une viande	saignante	fondue	à point	tendre
c. Une sauce	sucrée	salée	juteuse	épicée
d. Des œufs	à la coque	en neige	au plat	en compote
e. Des légumes	*al dente*	trop cuits	en sauce	crus

31 D'où viennent-ils ?

*Ex. : le waterzooï : **Belgique.***

a. le hamburger : ....

b. l'osso buco : ....

c. le tajine : ....

d. le tatziki : ....

e. le strudel : ....

f. la fejoa : ....

grammaire

32 Pour faire une bonne pâte feuilletée... Complétez.

(Préparer) .... le feuilleté avec de la farine, le sel, le beurre et l'eau. *(Faire)* ....
une boule. *(Laisser)* .... reposer 20 minutes au réfrigérateur. *(Étendre)* .... la pâte
sur deux centimètres d'épaisseur. *(Mettre)* .... le beurre au centre. *(Rabattre)* ....
la pâte sur le beurre, *(frapper)* .... de nouveau pour répartir le beurre. *(Étendre)*
................, *(replier)* ...., *(mettre)* .... au réfrigérateur et *(recommencer)*
.... jusqu'à ce que vous *(donner)* .... quatre tours à la pâte.

écrit

33 À votre tour, donnez votre recette préférée.

....

....

....

....

....

....

....

s'adapter

vocabulaire

1 ■ En vous aidant des tableaux de votre livre « Ce qu'il faut faire » et « Ce dont on parle », retrouvez :

a. les événements familiaux : . . . .

. . . .

b. les événements médiatiques : . . . .

. . . .

c. les événements personnels et amicaux : . . . .

. . . .

d. les événements sociaux : . . . .

. . . .

2 ■ Retrouvez dans chaque période de l'année identifiée dans le livre :

a. les fêtes religieuses : . . . .

b. les fêtes civiles : . . . .

c. les fêtes nationales : . . . .

3 ■ Objets et événements. Associez les objets et les événements médiatiques qui les célèbrent.

a. Tour de France : . . . .

b. Festival de Cannes : . . . .

c. Tournoi de Roland-Garros : . . . .

d. Coupe de France de football : . . . .

e. Championnat de France de rugby : . . . .

Palme d'or – Saladier d'argent – Maillot jaune – Bouclier de Brénus – Coupe de France

4 ■ Quand entend-on ces expressions ?

Ex. : Qui a gagné l'étape aujourd'hui ? → ***Au moment du Tour de France.***

a. Tu as commandé la bûche ?

. . . .

b. Vous faites le pont du 1er ou celui du 8 ?

. . . .

c. Ah ! les vœux, quelle corvée... chaque année c'est la même chose !

. . . .

d. Alors, qui a eu la fève ?

. . . .

e. Pas mal, plus fruité, avec plutôt un goût de banane...

. . . .

f. Nous, on va écouter « I Muvrini » au Palais-Royal puis on rejoint des copains qui passent en concert vers minuit à La Flèche d'or.

. . . .

au mois de mai – à l'Épiphanie – à la Fête de la musique – à Noël – pour le beaujolais nouveau – en janvier

5■ C'est à faire… Trouvez le verbe qui convient.

a. Janvier : . . . . des cartes de vœux.

b. Février : . . . . la déclaration des revenus.

c. Saint-Valentin : . . . . sa petite amie au restaurant.

d. 1er mai : . . . . du muguet.

e. 1er novembre : . . . . les tombes avec des chrysanthèmes.

f. Mi-novembre : . . . . le beaujolais nouveau.

écrit

6■ Quelle importance accorde-t-on aux fêtes religieuses, nationales ou familiales dans votre pays ? Expliquez-en les raisons.

. . . .

. . . .

. . . .

. . . .

. . . .

. . . .

. . . .

2 exprimer l'éventualité et le regret

vocabulaire

7■ Dans quel type d'émission peut-on entendre les phrases suivantes ?

a. Bon, alors, vous revenez demain pour le Superbanco ?

. . . .

b. Madame, monsieur, bonsoir : voici les titres que nous développerons dans cette édition…

. . . .

c. Alors Patrick, c'est quoi ton cadeau ce soir ? Tu vas nous chanter quoi ?

. . . .

d. Bien que vous ne connaissiez pas votre père, vous l'avez quand même cherché ?

. . . .

e. Tout le monde vous aime et vous connaît à Marseille, inspecteur.

. . . .

journal télévisé – émission de variétés – jeu – série policière – émission de société

grammaire

8■ Situations compliquées… Dites-le avec des « si… ».

Ex. : On n'a pas gardé Philippe Laurent ; on a fait un mauvais score.
   → **Si on avait gardé Philippe Laurent, on aurait fait un meilleur score.**

a. Il n'a pas été bien conseillé, on a perdu le marché.

→ . . . .

b. On n'a pas fait attention à la pollution industrielle ; on a à traiter aujourd'hui de problèmes compliqués d'environnement.

→ ....

....

c. Nous n'avons pas été écoutés sur les risques ; aujourd'hui, on est obligé de supporter le bruit constant des avions.

→ ....

....

d. Elle n'a pas assez préparé la compétition ; elle a abandonné.

→ ....

e. Il n'a pas révisé ; il a raté son bac.

→ ....

9■ Trouver les expressions. Complétez avec des verbes.

a. .... l'audience.

b. .... un nouvel animateur.

c. .... les téléspectateurs.

d. .... une autre émission.

e. .... de vrais gens.

e. .... la dictature de l'audience.

séduire – montrer – refuser – engager – mesurer – préparer

10■ « Vous auriez pu quand même suivre mes conseils... » Complétez le dialogue.

– Si vous aviez suivi mes conseils, vous *(ne pas être obligé)* .... de faire ce régime.
– C'est vrai, et je regrette que vous *(ne pas insister)* .... assez.
– Vous *(pouvoir)* .... quand même .... faire un effort !
– Bien sûr, mais nous n' *(avoir)* .... ni l'un ni l'autre envie de nous restreindre.
– Et voilà le résultat ! C'est vraiment dommage, vous *(se sentir)* .... aujourd'hui en pleine forme.
– Supposons que nous le *(faire)* .... nous *(ne pas se voir)* .... aujourd'hui ; ça *(être)* .... dommage !

11 ■ Réécrivez le texte ci-après. Vous commencez par : « Tu vois, Franck, si nous étions partis en vacances maintenant... »

Tu vois, Franck, *si nous partions* en vacances maintenant, *il y aurait* beaucoup moins de monde. *On trouverait* des billets beaucoup moins chers et *on bénéficierait* de meilleures prestations. *On ne serait pas obligés* d'attendre pour chaque visite de monument. *Nous pourrions* louer un beau studio avec vue sur la lagune. Les petites places *seraient* rien que pour nous. *On ferait* de longues promenades qui *nous ramèneraient* forcément vers les *Zattere*, notre lieu préféré.

....

....

....

....

....

....

....

12■ Quelles sont les émissions de télévision que vous préférez regarder ? Dites pourquoi.

. . . .

. . . .

. . . .

. . . .

. . . .

3 apprécier

vocabulaire

13■ Trouvez l'expression contraire.

Ex. : Refuser la dictature de la télévision ≠ accepter.

a. Apprécier les petits plats ≠ . . . .

b. Faire des choses **intéressantes** ≠ . . . .

c. Passer un week-end **formidable** ≠ . . . .

d. Rencontrer des gens **sympathiques** ≠ . . . .

e. Profiter du temps libre ≠ . . . .

14■ À chacun son appréciation. Trouvez l'appréciation contraire.

a. *Dans une exposition :*

Finalement, il fait toujours le même tableau.

. . . .

b. *Au restaurant :*

On ne pouvait pas mieux choisir.

. . . .

c. *À la sortie du cinéma :*

C'est un film historique, et pourtant c'est totalement d'actualité.

. . . .

d. *Au concert :*

Si j'avais su, je ne serais pas venu.

. . . .

e. *Au retour des vacances :*

Dommage que vous soyez partis si loin...

. . . .

grammaire

15■ À chacun sa manière de voyager. Complétez.

Andy parle de ses vacances avec Corinne :

« Corinne n'aime pas qu'on *(partir)* . . . . tard en excursion. Moi, je déteste *(se lever)*

. . . . tôt le matin. J'aimerais mieux que nous *(prendre son temps)* . . . . et que nous n'(*aller*) .... visiter qu'un seul lieu par jour. J'(*adorer*) .... qu'on (*flâner*) ...., qu'on (*rester*) .... à la terrasse d'un café, qu'on (*contempler*) .... la nature ou la beauté des ruines. Mais Corinne a horreur que je (*se conduire*) .... ainsi. »

16■ Mettre en valeur une appréciation. Répondez aux questions comme dans l'exemple.

Ex. : Comment est la vie à Paris ? (chère/habiter en banlieue)
   *– **La vie est tellement chère à Paris que j'habite en banlieue.***

a. Comment as-tu trouvé l'émission ? (*passionnante/enregistrer*)

....

b. Et l'exposition, c'est comment ? (*trop de monde/rien voir*)

....

c. Pourquoi tu n'es pas resté à la conférence ? (*trop parlé/peu de temps pour les questions*)

....

d. Pourquoi tu ne l'as pas reconnue ? (*beaucoup changé/ne pas reconnaître*)

....

17■ Mettre en valeur. Utilisez « si, tant, tellement... que », « si peu... que » :

Ex. : La vie est chère à Paris. J'habite en banlieue.
   → ***La vie est si chère à Paris que j'habite en banlieue.***

a. Il a abandonné rapidement. Tout le monde était déçu.

→ ....

b. Il y a eu de bons moments. Je ne pensais pas qu'on perdrait

→ ....

c. Il a couru. Il ne peut plus jouer.

→ ....

d. Il s'est peu entraîné. Il ne pouvait pas gagner.

→ ....

écrit

Regardez-vous beaucoup la télévision ou pas du tout ? Dites pourquoi.

....
....
....
....

4 parler des femmes et des hommes
vocabulaire

18■ Voici des verbes. Associez-les aux différents domaines de la vie des femmes et des hommes.

céder – découvrir – avoir tort – tromper – accomplir – se distraire – suggérer – sensibiliser – respecter – programmer – gérer – refuser – rivaliser – interdire – explorer – ranger – se perdre – se mettre en valeur – avouer – protéger – échouer – s'étonner – craindre - commander – traîner – se détendre – améliorer

a. Éducation des enfants : ***céder,*** ....

....

b. Relations entre conjoints : ....
....

c. Vie professionnelle : ....
....

d. Vacances : ....
....

19■ Auquel de ces deux domaines associez-vous les adjectifs suivants ?

efficace – imprévisible – audacieux – secret – indépendant – compétent – méthodique – jaloux – amoureux

a. Vie professionnelle : ....

b. Vie affective : ....

20■ Destins de femmes, destins contraires...

a. esclave ≠ .... ≠

b. imposer ≠ .... ≠

c. subir ≠ .... ≠

d. rivalité ≠ .... ≠

e. rester au foyer ≠ .... ≠

f. statu quo ≠ ....

progrès – partager – choisir – égalité – libre – travailler

21■ Activités de la maison. Faites correspondre chaque action avec un objet.

*Ex. : balayer : **le balai***

a. faire la vaisselle : ....

b. sécher le linge : ....

c. repasser le linge : ....

d. faire la lessive : ....

e. faire la poussière : ....

f. cirer les parquets : ....

f. cirer les parquets : ....

22■ Tâches ménagères. Associez les verbes pour nommer les tâches ménagères.

les sols – la poussière – le repassage – la table – la salle de bains – le linge – la vaisselle – les vitres – de l'ordre – les courses

a. Laver : ....

b. Faire : ....

c. Mettre : ....

grammaire

23■ Comparer. Complétez.

Si les tâches ménagères sont .... partagées entre les hommes et les femmes, les femmes passent quand même .... de temps .... les hommes à s'occuper de la maison. À la télévision, les hommes regardent .... souvent les sports que les femmes, même si les femmes regardent .... le sport.
Pour les achats de vêtements, les femmes sont .... autonomes .... les hommes. Elles choisissent souvent seules leurs vêtements. Elles ont souvent .... goût. Cependant, les

hommes sont .... attentifs à leur look.

Avec les enfants, les femmes restent .... sollicitées. C'est elles qui ont ....

souvent en charge les rapports avec la crèche, l'école, la nourrice, etc. Mais les hommes sont de

.... absents de ces tâches et ils partagent de .... les gardes,

l'accompagnement des enfants à l'école ou à leurs nombreuses activités culturelles ou sportives.

écrit

24■ Comment voyez-vous aujourd'hui la relation entre les hommes et les femmes ? Justifiez votre point de vue.

(Vous rappelez ce qui a changé et ce qui est resté comme avant, ce qui a évolué et comment ; vous essayez de dire ce qui peut encore changer, à quel rythme et pourquoi.)

....

....

....

....

....

5 réformer

vocabulaire

25■ Les mots de la réforme. Trouvez les noms.

*Ex. : changer : **le changement.***

a. renouveler : ....

b. modifier : ....

c. transformer : ....

d. bouleverser : ....

e. évoluer : ....

f. concourir : ....

g. expérimenter : ....

h. améliorer : ....

26■ Associez chaque verbe à un ou plusieurs items.

a. Changer   **1.** les raisonnements.
b. Renouveler   **2.** les conditions de vie.
c. Modifier   **3.** la gamme des produits.
d. Bouleverser   **4.** les habitudes.
e. Améliorer   **5.** les façons de voir.

a.4. ....

27■ On vous donne le premier, trouvez le second.

*Ex. : le pain et **le pin***

a. un heurt et une ....

b. le verre et le ....

c. la poste et le ....

d. la mère et le ....

e. le capital et la ....

f. la faune et le ....

g. le teint et le ....

28■ Trouvez les expressions synonymes.

a. On est au pied du mur.

b. C'est reculer pour mieux sauter.

c. Il faut se jeter à l'eau.

d. On ne fait pas d'omelette sans casser des œufs.

e. Ils veulent le beurre et l'argent du beurre.

1. *Il n'y a pas de changements sans conséquences.*

2. *C'est le moment d'y aller.*

3. *On n'a pas le choix, il faut prendre une décision.*

4. *Ils veulent gagner sur tous les tableaux.*

5. *Si on ne le fait pas maintenant, on sera obligé de le faire plus tard.*

a. 3 ....

29■ Jouons avec l'orthographe et le sens.

a. Ajoutez la lettre manquante et trouvez le genre du mot.

– cha ......   et   cha ......

– am ...... nde   et   am ...... nde

– p ...... cheur   et   p ...... cheur

– pair ......   et   pair ......

– ...... ession   et   ...... ession

b. Rapprochez les définitions suivantes de chacun de ces couples de faux jumeaux.

Elle ne pousse pas sur le pare-brise de la seconde.

....

Le premier pourrait repêcher le second.

....

On ne passerait pas le premier par le trou du second.

....

L'un se donne pendant que l'autre se tient.

....

Dans le couple du second, l'un n'est pas forcément l'égal du premier de l'autre.

....

écrit

30■ Que pensez-vous de cette réflexion célèbre et paradoxale : « Il faut tout changer pour que tout reste comme avant » ?

....

....

....

....

....

1 négocier

vocabulaire

1■ Les mots de la négociation. Trouvez l'expression équivalente.

a. C'est d'accord : ....

b. C'est inacceptable : ....

c. C'est à voir : ....

d. C'est possible : ....

e. C'est un progrès : ....

f. Ça se discute : ....

On avance − Ce n'est pas impossible − Là, c'est non ! − Ça marche ! − Il faut en reparler − Pourquoi pas ?

2■ Qualifier les moments de la négociation. Chassez l'intrus.

a. C'est une offre soignée, intéressante, exceptionnelle.

b. C'est un prix raisonnable, parfait, compétitif, ridicule.

c. C'est un accord imprévisible, acceptable, complet.

d. C'est une négociation difficile, tranquille, décidée.

e. C'est une concession importante, insuffisante, recommandée.

grammaire

3■ Exprimer la demande. Faites comme dans l'exemple.

Ex. : Demander de rendre un service.
   − Tu pourrais me rendre un service ?

a. Participer à la randonnée de dimanche.

   − Tu ....

b. Demander l'accord de l'autre pour venir à la campagne passer le prochain dimanche.

   − Il ....

c. Savoir si ses amis à lui ont la possibilité d'aider à déménager.

   − Je ....

d. Avoir besoin de la compétence d'un ami pour achever un projet.

   − J' ....

e. Demander de faire une proposition pour la prochaine campagne de promotions.

   − Tu ....

4■ Exprimer la condition. Répondez en utilisant les expressions : « à condition que », « à condition de », « ça dépend de », « à moins que ».

a. Tu vas l'accepter dans l'équipe ?

   − .... lui.

b. Tu crois qu'il va réussir ?

   − Oui, ... il *(travailler)* ....

c. Vous allez revenir ?

   − Oui, ... tu ne *(vouloir)* .... pas nous recevoir.

d. Tu penses que ça se passera bien ?

   − Oui, ... bien savoir ce que l'on veut.

écrit

5■ Faut-il mettre des conditions à tout ou tout accepter sans réticence ? Qu'en pensez-vous ? Choisissez quelques exemples qui illustrent bien votre pensée.

....
....
....
....
....

2 comprendre la société

vocabulaire

6■ Exprimer la différence. Trouvez les oppositions en vous aidant du texte du livre.

a. le cœur des villes ≠ *la campagne.*
b. au pied des cathédrales ≠ ....
c. la parole à la rue ≠ ....
d. la couleur ≠ ....
e. la nuit ≠ ....
f. la proximité ≠ ....

7■ Pour chaque mot, trouvez les explications.

a. immigrant : ....

b. clandestin : ....

c. ghetto : ....

d. naturalisé : ....

e. jeune issu de l'immigration : ....

devenu français – né en France – étranger en France – en situation irrégulière en France – zone de banlieue marginalisée

8■ Vrai ou faux ?

	VRAI	FAUX
a. La France est une vieille terre d'immigration.	☐	☐
b. Certains immigrés habitent dans des ghettos.	☐	☐
c. La France a intégré les plus anciens immigrés : ils sont ministres, champions, artistes, entrepreneurs…	☐	☐
d. Les nouveaux immigrés s'intègrent eux aussi facilement.	☐	☐
e. Les Français ont intégré certaines habitudes alimentaires de l'immigration.	☐	☐
f. De nombreux footballeurs champions du monde sont des Français issus de l'immigration.	☐	☐

9■ Ils ont apporté en France leurs traditions : d'où viennent-elles ?

a. le couscous : ....

b. le raï : ....

c. la paella : ....

d. la pizza : ....

e. les bijoux : ....

Espagne – Afrique – Italie – Maghreb – Algérie

grammaire

10■ Objecter. Faites comme dans l'exemple.

Ex. : C'est un fait, la crise économique a rendu l'intégration plus difficile, mais le modèle marche encore.
   → ***Bien que la crise économique ait rendu l'intégration plus difficile, le modèle marche encore.***

a. C'est un fait que l'intégration est devenue plus compliquée mais la réussite des sportifs, des humoristes, des créateurs, des intellectuels et des acteurs issus de l'immigration est une raison profonde d'espérer.

→ ....

....

b. C'est vrai, la reconnaissance des immigrés n'est pas évidente ; mais la réussite des commerçants maghrébins dans les centres des villes est un encouragement.

→ ....

....

c. Certes, malgré les difficultés à faire de certains jeunes Français issus de l'immigration des citoyens comme les autres, Belsunce à Marseille ou Belleville à Paris sont devenus des quartiers comme les autres.

→ ....

....

écrit

11 ■ Faut-il favoriser une intégration qui ne reconnaît que les individus ou respecter les communautés avec leurs différences ?

....

....

....

....

....

3 accuser – s'excuser

vocabulaire

12■ S'excuser à l'écrit et à l'oral.

	ÉCRIT	ORAL
a. Pardonnez-moi.	☐	☐
b. Oh ! Pardon.	☐	☐
c. Vous voudrez bien me pardonner si...	☐	☐
d. Excusez-moi.	☐	☐
e. Je vous prie de bien vouloir accepter mes excuses.	☐	☐
f. Désolé !	☐	☐
g. Avec mes excuses empressées.	☐	☐
h. Avec toutes mes excuses.	☐	☐

13■ Dans quelles circonstances peut-on entendre ces expressions ?

a. Vous ne pouviez pas faire attention ! – Oh ! Pardon.

....

b. Désolé, j'ai été pris dans un embouteillage.

....

c. Excusez-moi, pour aller place du Capitole ?

....

d. Pardonnez-moi de vous déranger, vous n'avez pas vu le directeur ?

....

e. Et en plus, ils me demandent d'accepter leurs excuses…

....

f. Tu ne m'en veux pas ?

....

g. Je vous prie de m'excuser, monsieur, j'ai cru que vous n'en aviez besoin que demain.

....

h. Je te le jure, je ne l'ai pas fait exprès !

....

interpeller quelqu'un – être en retard – après un accident involontaire – dans une relation hiérarchique – après avoir bousculé quelqu'un – après la lecture d'une lettre – dans une relation d'intimité – interrompre un entretien

grammaire

14■ Qu'est-ce qui s'est passé ? Mettez les phrases au style indirect en utilisant les verbes suivants : « assurer », « s'excuser », « répondre », « rassurer ».

Ex. : Mais Valentine, comment ça a pu arriver ? Qu'est-ce qui s'est passé ? Tu as une idée ?
   → ***J'ai demandé à Valentine comment ça avait pu arriver, ce qui s'était passé et si elle avait eu une idée.***

a. Ça, Valentine, tu peux en être sûre, je ne l'ai pas fait exprès… Je suis restée attentive à tout ce qui s'est passé.

....

....

b. Je te crois, mais quand même… Tu te rends compte ? Qu'est-ce que vont dire les clients ?

....

....

c. Je suis vraiment désolée. Dis-moi ce que je peux faire pour t'aider… Je ne voudrais pas que tu aies des ennuis.

....

....

d. Ne t'inquiète pas, tout ira bien.

....

....

15■ Ça n'aurait pas dû arriver. Faites comme dans l'exemple.

Ex. : Vous avez laissé la voiture ouverte, on vous a volé l'autoradio.
   → ***Si vous n'aviez pas laissé la voiture ouverte, on ne nous aurait pas volé l'autoradio.***

a. Il n'est pas arrivé à l'heure, il doit s'excuser.

→ ....

....

b. Les jeunes ont fait beaucoup de bruit, les habitants de l'immeuble d'en face ont appelé la police.

→ ....

....

c. Elle n'a pas accepté la proposition, elle a été obligée de faire des concessions.

→ ....

....

d. Il n'a pas assez travaillé, il ne figure pas en bonne place.

→ ....

....

16■ Relisez le constat des impolitesses et incivilités, page 163 de votre livre.

Ex. : Cracher dans la rue.
   → *Ne crachez pas dans la rue.*

a. Dans un autobus, ne pas offrir une place assise à une personne âgée.

→ ....

b. Doubler les gens dans une file d'attente.

→ ....

c. Dire des gros mots.

→ ....

d. Ne pas tenir une porte à une dame.

→ ....

e. Téléphoner sur son portable dans un lieu public fermé.

→ ....

écrit

17■ Parmi les impolitesses et les incivilités que vous avez remarquées dans votre pays, quelles sont celles qui vous choquent le plus et pourquoi ?

....

....

....

....

....

4 faire des commentaires

vocabulaire

18■ Exprimer un souhait. À quel type de relations appartiennent les expressions suivantes ? Classez-les.

   1. *J'aimerais bien te voir plus souvent.*
   2. *J'aimerais bien qu'on travaille ensemble.*
   3. *J'ai envie de te dire je t'aime.*
   4. *Je voudrais bien que vous m'apportiez votre scénario la semaine prochaine.*
   5. *J'ai envie de partir dix jours en Grèce, tu viendrais ?*
   6. *J'ai envie de lui commander une étude, qu'est-ce que tu en penses ?*
   7. *J'aimerais bien rester ce soir, si tu veux...*

8. *Je voudrais être en bonne place sur la liste électorale.*

9. *Je souhaiterais que vous arriviez à l'heure au rendez-vous.*

10. *J'aimerais bien ne pas avoir tort.*

11. *J'aimerais vous faire plaisir, mais je ne sais pas comment.*

12. *Je souhaiterais qu'on mette le holà à toute cette histoire.*

13. *J'aimerais que tu conduises les enfants à l'école.*

14. *J'ai envie d'aller faire un tour au Salon.*

a. Relations professionnelles : ....

b. Relations sociales : ....

c. Relations amicales ou amoureuses : ....

19 ■ Relations familiales. Trouvez le contraire.

a. la permission ≠ ....

b. la négociation ≠ ....

c. l'autonomie ≠ ....

d. le conflit ≠ ....

e. la responsabilité ≠ ....

f. avoir voix au chapitre ≠ ....

grammaire

20 ■ Exprimez des souhaits avec « j'aimerais », « si on pouvait », « je souhaite », « je ne voudrais pas », « je voudrais ».

Ex. : Partir avec une bande de copains.

→ **J'aimerais bien partir avec une bande de copains.**

a. Prendre des risques inutiles.

→ Je ne voudrais pas que tu ....

b. Se mêler de ce qui vous regarde.

→ Nous aimerions qu'ils ....

c. Mettre sa vie en danger.

→ Si j'ai envie, ..., ça me regarde !

d. Donner son autonomie à quelqu'un.

→ Elle souhaiterait maintenant qu'on ....

e. Se débrouiller tout seul.

→ Si je pouvais, ...

21 ■ Commenter. Transformez du style direct au style indirect.

Ex. : Dégradation de la qualité de la vie dans les villes : les statistiques le montrent.

→ **Les statistiques montrent que la qualité de la vie s'est dégradée dans les villes.**

a. Incapacité de l'école à intégrer les nouveaux immigrants : les témoignages le confirment.

→ ....

b. Les archaïsmes, freins à la modernisation : les analyses le prouvent.

→ ....

c. Niveau certain de maturité de la jeune génération : les enquêtes le révèlent.

→ ....

d. Audace de la nouvelle gastronomie sans crainte de la tradition : les guides le montrent.

→ ....

écrit

22■ Vous commenterez un fait de société qui est décrit dans votre livre et qui vous a particulièrement marqué(e). Pour construire votre commentaire, aidez-vous du tableau page 165 (de votre livre).

....

....

....

....

....

5 parler du patrimoine

vocabulaire

23■ Relisez le tableau des sites et monuments (page 167 de votre livre) qui sont inscrits au patrimoine mondial de l'humanité. Classez ces sites et monuments par catégorie.

a. Sites religieux : ....

b. Sites urbains : ....

c. Sites économiques : ....

d. Sites architecturaux et archéologiques : ....

e. Sites naturels : ....

24■ Classez ces lieux par époque.

a. Préhistoire : ....

b. Époque gallo-romaine : ....

c. Moyen Âge : ....

d. Renaissance : ....

e. XVIIe siècle : ....

f. XVIIIe siècle : ....

grammaire

25■ Noms de lieux au fil des stations du métro parisien. Conjuguez les verbes de ces récits historiques au temps qui convient.

a. *Rome*

Le quartier *(déborder)* .... de noms de capitales européennes. Rome, qui *(être)* .... la capitale du plus vaste État de l'Antiquité européenne, ne *(pouvoir)* .... manquer à l'appel. En 1798, elle *(devenir)* .... « république sœur » de la France. Napoléon Ier la *(déclarer)* .... ville libre et impériale en 1809 et *(faire)* .... porter le titre de roi de Rome à son fils.

b. *Danube*

Le deuxième fleuve d'Europe, après la Volga, *(donner)* .... son nom à la jolie petite place de l'ancienne commune de Belleville qui *(surplomber)* .... la station. Ce fleuve, long de 2 850 km, *(naître)* .... dans la Forêt-Noire, *(traverser)* .... une dizaine de pays et *(se jeter)* .... dans la mer Noire. Sur son trajet, il *(franchir)* .... les « Portes de Fer », défilé célèbre entre les Carpates et les Balkans.

c. *Bolivar*

Le général Simon Bolivar (1783-1830), surnommé le Libérateur, *(être)* .... le leader de l'indépendance des colonies espagnoles d'Amérique dès 1813. Il *(conquérir)* .... la Nouvelle Grenade en 1819, le Venezuela en 1821, l'Équateur en 1822. Avec son lieutenant Antonio José de Sucre, il *(libérer)* .... la Bolivie et le Pérou. Mais il ne *(pouvoir)* .... unifier l'ensemble.

d. *Botzaris*

Le patriote grec Markos Botzaris (1788-1823) *(être)* .... l'un des héros de l'indépendance grecque. Il *(se dresser)* .... contre les Turcs et *(mourir)* .... à Karpenisi. Victor Hugo lui *(rendre hommage)* .... dans *Les Orientales*.

écrit

26■ À partir d'un lieu de votre environnement que vous décrirez, vous direz pourquoi il est important pour la mémoire (religieuse, sociale, civile, architecturale, locale, régionale, nationale) de votre pays.

....
....
....
....
....

27■ Situez chacun de ces lieux sur une carte de France.

Mont-Saint-Michel – Chartres – Versailles – Carcassonne – Amiens – Reims – Bourges – Lyon – Avignon – Arles – Girolata (Corse)

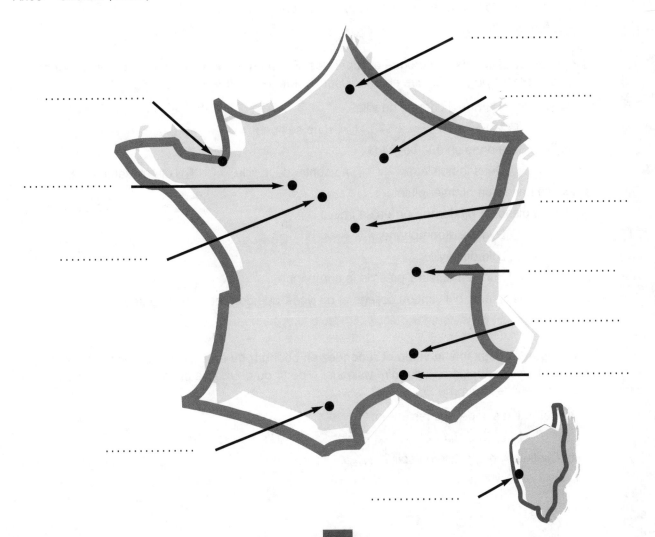

Les épreuves orales de ces pages sont à faire en classe avec votre professeur : les documents sonores se trouvent dans les cassettes collectives de *Campus* et les séquences vidéo se trouvent sur la vidéo de *Campus*.

Compréhension de l'oral

1 **Écoutez deux fois le dialogue et répondez en cochant ou en écrivant la bonne réponse.**
(enregistrement, page 130, n° 6)

a. Pendant le voyage :

☐ Il a fait beau tout le temps.

☐ Il a fait mauvais les premiers jours.

☐ Il a fait mauvais le premier jour.

b. Il a plu :

☐ Dans les Vosges.   ☐ À Strasbourg.

c. Le voyage a été long et :

☐ Les autocars étaient inconfortables

☐ L'accompagnatrice déplorable.

☐ Le séjour en Alsace trop court.

d. Combien de temps le séjour en Alsace a-t-il duré ? . . . .

e. Madame Dumas est : ☐ Contente.   ☐ Très fâchée.   ☐ Très satisfaite.

2 **Écoutez deux fois le dialogue et répondez en cochant ou en écrivant la bonne réponse.**
(enregistrement, page 135, faire écouter jusqu'à « prendre le bus »)

a. Madame Dumas a changé de ville. :

☐ Vrai.   ☐ Faux.   ☐ On ne sait pas.

b. Elle habite dans un quartier situé :

☐ Dans la banlieue.   ☐ Au centre de la ville.   ☐ Loin du centre-ville.

c. Elle parle d'un quartier plutôt . . . . et . . . .

d. La maison de Madame Dumas se trouve :

☐ Loin de la campagne.

☐ Loin de la ville.

☐ Sur les hauteurs, près de la campagne.

e. Pour les enfants qui vont au collège et au lycée, que doivent faire les parents ?

. . . .

3 **Regardez deux fois la vidéo et répondez en cochant ou en écrivant la bonne réponse.**
(Unité 10, Un chef belge à Paris, faire visionner à partir du deuxième commentaire et jusqu'à la fin de l'interview de la femme 2)

a. Comment s'appelle le restaurant ?

☐ Le Bouillon.   ☐ Le Racine.   ☐ Le Bouillon Racine.

b. Quelle est la clientèle du soir ? . . . .

c. Les clients qui viennent déjeuner :

     ☐ Prennent leur temps.   ☐ Sont pressés.

d. Que prend la première cliente ?

En été : .... En hiver : ....

e. La deuxième cliente est une habituée.

     ☐ Vrai   ☐ Faux.   ☐ On ne sait pas.

Production orale

Étape 1

Présentez une personnalité de votre pays.

Étape 2

Dans votre pays, on peut trouver des produits que l'on ne connaît pas très bien. Choisissez celui que vous préférez et présentez-le.

Étape 3

Vous allez dans une agence de voyage pour réserver un week-end à Marseille. Vous souhaitez partir 4 jours avec deux amis, mais vous avez un petit budget. Imaginez le dialogue.

Compréhension des écrits

1 **Lisez ce document et répondez en cochant ou en écrivant la bonne réponse.**

Choisissez votre formule d'abonnement et bénéficiez de conditions exceptionnelles

FORMULE CLUB

Abonnez-vous à la **Formule CLUB** et recevez, chaque matin, le quotidien accompagné du Figaro Entreprises le lundi, du Figaroscope (sur Paris et sa région) le mercredi, le jeudi du Figaro Littéraire et en fin de semaine, du Figaro Magazine, Madame Figaro et TV Magazine.

FORMULE WEEK-END

Vous pouvez choisir l'abonnement à **La Formule Week-end** pour recevoir Le Figaro du vendredi et celui du samedi accompagné des magazines de fin de semaine, Le Figaro Magazine, Madame Figaro et TV Magazine.

FORMULE CLUB

299 € par an, soit une réduction de **36%** sur le prix en kiosque.

Ou **26 €**, prélevés chaque mois sur votre compte.

FORMULE WEEK-END

149 € par an, soit une réduction de **42%** sur le prix en kiosque.

Ou **12 €**, prélevés tous les 4 week-ends sur votre compte.

Et recevez en cadeau de bienvenue ce sac de voyage 2 en 1, pliable dans sa pochette assortie, l'indispensable à glisser dans votre valise.
(dans la limite des stocks disponibles, délais d'expédition de 3 à 6 semaines à réception de votre règlement).

a. Avec l'abonnement formule club, quels jours l'abonné ne reçoit-il pas de supplément ?

....

b. Avec la formule week-end, l'abonné reçoit :

     ☐ 2 journaux et 2 suppléments.

     ☐ 3 journaux et 2 suppléments.

     ☐ 2 journaux et 3 suppléments.

c. Les lecteurs parisiens ont moins de suppléments.

   □ Vrai. □ Faux.

d. La réduction pour la formule club est :

   □ Aussi importante que la réduction pour la formule week-end.

   □ Plus importante que la réduction pour la formule week-end.

   □ Moins importante que la réduction pour la formule week-end.

e. Que reçoit en cadeau chaque nouvel abonné ? ....

2 **Lisez la lettre et répondez aux questions.**

a. Qui envoie cette lettre ? ....

b. Quelle société propose ses services ? ....

c. Qu'est-ce qui peut faciliter votre vie de tous les jours ? ....

d. Y a-t-il quelque chose à payer ? ....

e. À quels services gratuits peut-on accéder ? ....

3 **Lisez l'article et répondez aux questions en justifiant vos réponses.**

Déchets : responsabiliser sans culpabiliser

Les Français jettent trop ! Ils produisent 360 kg de déchets par an et par personne. En cause : les petits plats préparés suremballés, les sachets fraîcheur, les lingettes de nettoyage, les étuis individuels des biscuits... Or ces détritus polluent, et surtout coûtent cher à retraiter. C'est pourquoi Nelly Olin, discrète ministre de l'Écologie et du Développement durable, propose de passer en douceur à 250 kg par an. Pour « responsabiliser sans culpabiliser » le citoyen, des spots publicitaires seront diffusés à la télévision cette semaine expliquant qu'une simple affichette « Stop pub » préserve votre boîte aux lettres des intrusions publicitaires, sources de quantité de déchets. Ou encore que ce n'est pas la faute du consommateur si on lui donne des sacs plastiques dans les supermarchés, mais qu'il doit poliment les refuser. Et qu'il ferait mieux de boire l'eau du robinet, cela évite les bouteilles en plastique. De bons conseils, certes. Qui font penser qu'il est plus facile de sermonner le citoyen que de contraindre le producteur.

                Guillaume Riffaud, *Le Point*, 20/10/05.

a. Les Français produisent trop de détritus.

☐ Vrai.   ☐ Faux.

Justification : ....

b. Les produits achetés dans le commerce ont un emballage trop important.

☐ Vrai.   ☐ Faux.

Justification : ....

c. Nelly Olin veut culpabiliser les consommateurs.

☐ Vrai.   ☐ Faux.

Justification : ....

d. Une campagne anti-déchets va commencer la semaine prochaine.

☐ Vrai.   ☐ Faux.

Justification : ....

e. Dans cette campagne, on va donner des conseils aux consommateurs.

☐ Vrai.   ☐ Faux.

Justification : ....

Production écrite

1 À la fin de l'année universitaire, des étudiants ont organisé une fête. Racontez ce moment inoubliable auquel vous participiez comme musicien de l'orchestre. Votre texte comportera entre 60 et 80 mots.

2 Vous venez de lire le journal. Vous découvrez que votre cousin Laurent Germain a obtenu son bac. Vous lui écrivez pour le féliciter. Votre lettre comportera entre 60 et 80 mots.

> Résultats du baccalauréat SES
>
> ....
>
> Sophie Davot
>
> Manuel Etienne
>
> Laurent Germain
>
> Lise Pierret
>
> ....

....
....
....
....
....
....
....
....
....
....
....

Lexique

Le premier chiffre renvoie au n° de l'unité, celui entre paranthèses au n° de la leçon.

A

abandonner (v.)	11 (3), 12 (2)
abattre (v.)	3 (6)
abbaye (n.f.)	12 (5)
abîmer (v.)	3 (4)
abondance (n.f.)	10 (6)
abonné (n.m.)	7 (4)
abonnement (n.m.)	7 (4)
aboutir (v.)	9 (3)
absent (adj.)	12 (1)
abstrait (adj.)	5 (1)
accessible (adj.)	11 (5)
accessoire (n.m.)	12 (1)
accident (n.m.)	4 (6)
accomplir (v.)	11 (2)
accorder (v.)	3 (5)
accroître (v.)	3 (4)
accueillir (v.)	1 (1)
accuser (v.)	6 (4), 12 (3)
achat (n.m.)	7 (2)
achever (v.)	5 (5)
acte (n.m.)	12 (4)
action (n.f.)	2 (3)
actionnaire (n.m.)	4 (5)
addition (n.f.)	8 (5)
adhérent (n.m.)	7 (2)
adhérer (v.)	7 (2)
admirer (v.)	7 (1)
adulte (n.m.)	12 (4)
aérien (adj.)	4 (6)
aéroport (n.m.)	10 (1)
affiché (adj.)	9 (1)
affreux (adj.)	6 (3)
affronter (v.)	5 (2), 10 (5)
agence (n.f.)	1 (1)
agglomération (n.f.)	10 (2)
agir (v.)	3 (1)
agité (adj.)	8 (5)
agonie (n.f.)	5 (6)
agréer (v.)	2 (4)
agression (n.f.)	4 (3)
agriculteur (n.m.)	12 (2)
ail (n.m.)	10 (6)
ailleurs (adv.)	6 (6)
aimer mieux (v.)	1 (4)
air (n.m.)	2 (6)
alentour (n.m.)	12 (2)
alliance (n.f.)	8 (3)
allocation (n.f.)	7 (2)
allure (n.f.)	2 (6), 11 (2)
amateur (n.m.)	1 (5), 4 (2)
ambiance (n.f.)	1 (5)
ambiguë (adj.)	8 (6)
ambitieux (adj.)	2 (3)
ambition (n.f.)	10 (5)
ambulance (n.f.)	4 (6)
améliorer (v.)	2 (6)
amont (n.m.)	2 (3)
amoureux (adj.)	2 (3), 5 (4)
ample (adj.)	12 (4)
amplifier (v.)	3 (6)
âne (n.m.)	3 (5)
angoisse (n.f.)	6 (3)
animateur (n.m.)	11 (2)
animation (n.f.)	6 (6)
apaiser (v.)	2 (5)
apéritif (n.m.)	3 (3)
appareil (n.m.)	6 (5)

appartenir (v.)	7 (1)
appréciable (adj.)	11 (4)
apprécier (v.)	1 (4), 8 (4)
apprentissage (n.m.)	8 (5)
apprivoiser (v.)	3 (5)
approcher (v.)	1 (5)
appuyé (adj.)	9 (5)
appuyer (v.)	5 (6)
arbitrairement (adv.)	11 (4)
archaïsme (n.m.)	11 (5)
archéologique (adj.)	4 (2)
archevêque (n.m.)	8 (3)
argument (n.m.)	10 (3)
arme (n.f.)	5 (6)
arrêt (n.m.)	5 (6)
arrosé (adj.)	10 (4)
article de ménage (n.m.)	7 (2)
artisan (n.m.)	8 (5)
asperger (v.)	1 (5)
aspirateur (n.m.)	11 (4)
assassiner (v.)	4 (1)
assistant (n.m.)	1 (1), 8 (1)
assistante (n.f.)	12 (1)
assister (v.)	6 (6)
assurance (n.f.)	7 (2)
assurer (de quelque chose) (v.)	10 (3)
assurer (v.)	12 (1)
athlétisme (n.m.)	9 (2)
atmosphère (n.f.)	2 (5)
attaquer (v.)	4 (3)
attentat (n.m.)	4 (6)
attentif (adj.)	8 (5)
attirer (v.)	1 (5)
attractif (adj.)	9 (2)
attraction (n.f.)	9 (4)
au lieu de (conj.)	3 (5)
aucun (pr.)	4 (5)
audacieux (adj.)	6 (3)
audience (n.f.)	11 (2)
augmentation (n.f.)	10 (4)
augmenter (v.)	3 (4)
auteur (n.m.)	9 (6)
autodiscipline (n.f.)	7 (6)
automobiliste (n.m.)	6 (4)
autonome (adj.)	7 (6)
autonomie (n.f.)	12 (4)
autoriser (v.)	7 (3)
autoritaire (adj.)	2 (3)
autorité (n.f.)	7 (6)
avalanche (n.f.)	3 (6)
avertir (v.)	
aveugle (n.m.)	9 (6)
aviation (n.f.)	7 (5)
avis (n.m.)	1 (4), 12 (3)
avoir le droit de... (v.)	7 (3)
avouer (v.)	8 (4)
azimut (n.m.)	1 (5)

B

baccalauréat (n.m.)	1 (1), 8 (5)
baigner (se) (v.)	1 (3)
baisse (n.f.)	10 (4)
baisser (v.)	1 (4)
balisage (n.m.)	9 (3)
balle (n.f.)	9 (2)
ballet (n.m.)	9 (4)
ballon (n.m.)	9 (2)
banal (adj.)	1 (6)

bande dessinée (n.f.)	7 (5)
banderole (n.f.)	11 (1)
baptême (n.m.)	1 (5)
baptiser (v.)	3 (5)
bar (n.m.)	2 (5)
barrer (v.)	9 (3)
basilique (n.f.)	12 (5)
basket-ball (n.m.)	9 (2)
bataille (n.f.)	8 (3)
batterie (n.f.)	9 (5)
battre (v.)	4 (1)
bavarder (v.)	1 (5)
bénéficier (v.)	7 (2)
bercer (v.)	2 (5)
berge (n.f.)	6 (6)
bête (n.f.)	4 (3)
bêtise (n.f.)	12 (3)
biche (n.f.)	3 (5)
bienvenue (n.f.)	2 (6)
biologie (n.f.)	1 (2)
bloquer (v.)	3 (6)
boa (n.m.)	8 (4)
boisson (n.f.)	1 (4), 7 (2)
boîte de nuit (n.f.)	9 (1)
bombe (n.f.)	4 (6)
bon vivant (adj.)	2 (3)
bonheur (n.m.)	5 (4)
bouillon (n.m.)	10 (6)
boule (n.f.)	9 (2)
bouleversement (n.m.)	10 (4)
bouleverser (v.)	4 (1)
boulot (n.m.)	11 (3)
boum (n.m.)	5 (5)
bourg (n.m.)	10 (2)
bourgeoisie (n.f.)	5 (5)
bourse (n.f.)	1 (4), 7 (2)
bousculer (v.)	12 (2)
bouteille (n.m.)	1 (4)
bouton (n.m.)	6 (5)
boxe (n.m.)	9 (2)
branché (adj.)	1 (5)
bronzé (adj.)	2 (6)
brouillon (n.m.)	5 (5)
brûler (v.)	3 (6)
bûche (n.f.)	11 (1)
bûcheron (n.m.)	5 (5)
butin (n.m.)	4 (6)

C

cabane (n.f.)	9 (3)
cadre (n.m.)	3 (4), 8 (5)
calme (adj.)	8 (5)
calmer (se) (v.)	1 (3)
cambrioler (v.)	4 (6)
camion (n.m.)	3 (2)
canard (n.m.)	3 (5)
candidat (n.m.)	7 (4)
canette (n.f.)	7 (2)
cantine (n.f.)	2 (6)
capable (adj.)	5 (2)
capitale (n.f.)	2 (5)
captif (adj.)	8 (6)
car (prép)	6 (1)
caractéristique (n.f.)	3(3)
carrière (n.f.)	5 (5)
carrière (professionnelle) (n.f.)	11 (4)
carrossable (adj.)	9 (3)
cartable (n.m.)	11 (1)

carte de séjour (n.m.)	12 (2)	colline (n.f.)	4 (3)	cours (n.m.)	1 (4), 6 (1)
carte de vœux (n.f.)	11 (1)	collision (n.f.)	4 (6)	course (achat) (n.f.)	11 (4)
carton (n.m.)	2 (6)	colonne (n.f.)	9 (6)	court (de tennis) (n.m.)	9 (2)
cascade (n.f.)	9 (4), 12 (4)	coloriage (n.m.)	8 (5)	courtisan (n.m.)	8 (3)
casser (v.)	4 (4)	comble (n.f.)	12 (5)	court-métrage (n.m.)	1 (5)
casse-tête (n.m.)	11 (5)	comité (n.m.)	10 (2)	cracher (v.)	12 (3)
cassette (n.f.)	12 (3)	commando (n.m.)	11 (4)	craindre (v.)	6 (3)
cataclysme (n.m.)	3 (6)	commentaire (n.m.)	12 (4)	craquer (v.)	2 (2)
catalogue (n.m.)	9 (4)	commenter (v.)	1 (2)	créature (n.m.)	4 (3)
cathédrale (n.f.)	12 (5)	commerçant (n.m.)	4 (5)	crémaillère (n.f.)	5 (3)
cause (n.f.)	6 (1)	commerce (n.m.)	2 (4), 10 (2)	crémerie (n.f.)	8 (6)
causer (v.)	6 (2)	commettre (v.)	12 (3)	crevette (n.f.)	3(3)
cédérom (n.m.)	6 (5)	commun (adj.)	1 (5)	crime (n.m.)	4 (6)
célébration (n.f.)	11 (1)	communauté (n.f.)	11 (3)	crise (n.f.)	5 (5)
centaine (n.f.)	3 (1)	commune (n.f.)	11 (5)	critique (n.f.)	10 (3)
centre de recherches (n.m.)	8 (4)	communication (n.f.)	1 (1)	crocodile (n.m.)	3 (5)
centre-ville (n.m.)	12 (2)	compétence (n.f.)	4 (4)	croître (v.)	6 (6)
cèpe (n.m.)	10 (6)	compétition (n.f.)	9 (2)	culture (n.f.)	3 (3)
céramiste (n.m.)	7 (6)	compilation (n.f.)	9 (5)	curatif (adj.)	4 (3)
cerf (n.m.)	3 (5)	composer (v.)	5 (5), 6 (5), 9 (5)	cyclisme (n.m.)	9 (2)
cerise (n.f.)	5 (6)	compositeur (n.m.)	9 (5)		
certain (pr.)	3 (3)	comprendre (v.)	6 (5)		
chaleur (n.f.)	2 (5)	compte (n.m.)	4 (5)	**D**	
chameau (n.m.)	10 (5)	compter sur (v.)	12 (1)		
champ (n.m.)	7 (3)	concession (n.f.)	3 (5), 11 (5)	danger (n.m.)	6 (6)
champignon (n.m.)	8 (1)	concevoir (v.)	5 (5), 10 (5)	de sorte que (conj)	6 (2)
champs (n.m.)	6 (2)	concierge (n)	2 (3)	débarrasser (v.)	11 (4)
chance (n.f.)	9 (1)	conclure (v.)	12 (4)	débat (n.m.)	1 (2), 11 (2)
chantier (n.m.)	4 (2)	concurrence (n.f.)	6 (1)	débrouiller (se) (v.)	12 (4)
chapelle (n.f.)	4 (3)	condition (des femmes) (n.f.)	11 (4)	décapiter (v.)	4 (3)
chaque (adj.)	4 (5)	condition (n.f.)	6 (4)	déception (n.f.)	5 (4), 8 (4), 9 (2)
chasse (n.f.)	3 (4)	conduire (v.)	6 (2)	décevoir (v.)	5 (4)
chasseur (n.m.)	10 (1)	confiance (n.f.)	1 (2), 12 (1)	déchet (n.m.)	6 (6), 10 (2)
chat (n.m.)	3 (5)	confiant (adj.)	2 (3)	déclaration (n.f.)	11 (1)
chauffage (n.m.)	7 (2)	confier (v.)	8 (6)	déclarer (v.)	4 (1), 8 (4)
chauve (adj.)	2 (6)	confirmer (v.)	8 (4)	déclin (n.m.)	1 (6)
chef de service (n.m.)	8 (1)	conjoint (n.m.)	4 (5)	décoloré (adj.)	12 (4)
chef d'entreprise (n.m.)	7 (6)	consacrer (v.)	1 (6)	déconseiller (v.)	7 (3)
chef d'orchestre (n.m.)	9 (5)	consensus (n.m.)	7 (6)	découpage (n.m.)	8 (5)
chemin (n.m.)	9 (3)	conséquence (n.f.)	6 (2)	décrocher (v.)	7 (6)
chevalerie (n.f.)	9 (4)	conservé (adj.)	12 (5)	dédicacer (v.)	5 (6)
chèvre (n.f.)	3 (5)	conserver (v.)	3 (3)	dédommagement (n.m.)	9 (4)
chic (adj.)	10 (6)	considérer (v.)	3 (4)	déduire (v.)	12 (4)
chic (n.m.)	9 (5)	consommation (n.f.)	7 (2)	défaite (n.f.)	5 (2)
chien (n.m.)	3 (5)	constater (v.)	4 (4), 10 (3)	défavorisé (adj.)	12 (2)
chimie (n.f.)	8 (2)	constellation (n.f.)	8 (6)	défendre (v.)	3 (4)
chœur (n.m.)	9 (6)	construire (v.)	5 (5)	défense (n.f.)	12 (5)
choisir (v.)	11 (4)	consulter (v.)	7 (4)	déferlement (n.m.)	10 (6)
chômage (n.m.)	10 (5)	contact (n.m.)	2 (4)	définir (v.)	1 (6)
chrétien (adj.)	4 (3)	contenir (v.)	6 (5)	dégât (n.m.)	3 (6)
chrysanthème (n.m.)	11 (1)	contenter (v.)	5 (4)	dégoûter (v.)	5 (4)
cigale (n.f.)	9 (6)	contestataire (adj.)	5 (5)	dégrader (v.)	3 (4)
ciment (n.m.)	3 (1)	contourner (v.)	9 (3)	déguisement (n.m.)	11 (1)
cinématographique (adj.)	9 (6)	contrat de travail (n.m.)	12 (2)	déguiser (v.)	4 (3)
circonstance (n.f.)	8 (1)	contrebasse (n.f.)	9 (5)	délégation (n.f.)	9 (6)
circulation (n.f.)	3 (4)	convaincre (v.)	2 (2)	délit (n.m.)	12 (3)
cirque (n.m.)	3 (5)	convenir (v.)	12 (1)	délocaliser (v.)	6 (1)
citron (n.m.)	2 (5)	conversation (n.f.)	1 (2)	déluge (n.m.)	4 (6)
citrouille (n.f.)	11 (1)	convocation (n.f.)	7 (4)	demander (se) (v.)	2 (2)
clandestin (n.m.)	12 (2)	coordination (n.f.)	11 (5)	déménager (v.)	12 (4)
clarinette (n.f.)	9 (5)	coordonnée (n.f.)	2 (2)	démographie (n.f.)	10 (5)
classement (n.m.)	11 (4)	coordonner (v.)	11 (5)	démolir (v.)	4 (1)
classer (v.)	6 (6)	copain (n.m.)	12 (4)	dénominateur (n.m.)	10 (6)
clientèle (n.f.)	10 (6)	copieuse (adj.)	9 (5)	dénoncer (v.)	6 (6)
clip (n.m.)	9 (5)	coq (n.m.)	3 (5)	département (n.m.)	11 (5)
cloche (n.f.)	11 (1)	corallien (adj.)	10 (4)	dépassé (adj.)	11 (5)
clocher (n.m.)	3 (6)	cordial (adj.)	2 (4)	dépasser (v.)	9 (3)
clonage (n.m.)	10 (5)	correspondre (v.)	4 (3), 12 (4)	dépense (n.f.)	7 (2)
club (n.m.)	2 (1)	corridor (n.f.)	11 (5)	dépourvu (adj.)	9 (6)
coin (n.m.)	3 (5)	corriger (v.)	1 (2)	député (n.m.)	8 (3)
col (n.m.)	9 (3)	coudre (v.)	11 (4)	dérisoire (adj.)	12 (2)
collaborateur (n.m.)	2 (2)	couler (v.)	4 (6)	dérogation (n.f.)	7 (3)
collaborer (v.)	7 (4)	coupe (n.f.)	4 (1)	dérouler (se) (v.)	1 (5)
collectionner (v.)	2 (3)	coupelle (n.f.)	8 (2)	descendant (n.m.)	12 (2)
collège (n.m.)	8 (5)	couramment (adv.)	1 (1)	descendre (v.)	9 (3)

p.14-15 : Christophe L – Gamma-Photo news – Gamma/Andersen – Gamma/Deville M. – Gamma/Ayral JM. ; p.19 : Gamma/FSP j.p. 31 : DR ; p.41 g : © Alain Choisnet / The Image Bank / Getty Images ; p.41 m : © Pierre Gleizes / REA ; p.41 d : © Pierre Gleizes / REA ; p.48 : Vespa – JM Weston – Porsche – Leica ; p.66 : Citroën – Gamma-Photo News/P.Crochet – Rue des Archives/ Agip – Gamma Liaison – Touche pas à mon pote.

Direction éditoriale : Michèle Grandmangin
Edition : M.C. Couet-Lannes / Virginie Poitrasson
Maquette intérieure : Lydie Pasquier / CGI
Couverture : Laurence Durandau
Iconographie : Valérie Delchambre
Illustrations : Philippe Lo-Presti